生活技能 096

開始在愛爾蘭自助旅行

作者◎陳琬蓉

太雅

圖片提供 / Ginny Peng

「遊愛爾蘭鐵則」

☑ 必備防風、防潑水外套

理由：愛爾蘭降雨率高，陰雨綿綿、但少有大雨，穿件防潑水外套即可輕鬆出遊。若要到海邊遊玩，則必備防風外套，夏天天氣涼爽時對台灣人來說已經是會感受到涼意的溫度，冬天則是寒風刺骨，一件好外套可以避免天氣因素降低遊興。

☑ 做好防曬

理由：陽光在愛爾蘭是珍貴的存在，加上平均氣溫涼爽的關係，曬太陽是很舒服的享受。做好防曬準備，帶份三明治和咖啡，去公園或海邊找個空地沐浴在陽光之下吧！

☑ 水質乾淨，不會有沉澱物

理由：不像大多數歐洲國家的水礦物質沉澱較多，愛爾蘭的水就算煮過後也不會有明顯沉澱物，加上自然環境好，水的口感還不錯，也可以省下買水的費用。但切記只能喝冷水水龍頭出來的水，熱水要自己煮喔！

☑ 在發源地欣賞大河之舞

理由：大河之舞以愛爾蘭舞(Irish dance)為底，融合了踢踏、爵士、芭蕾等多種元素的編排獨樹一格而聞名全球，舞團在家鄉愛爾蘭每年都會有固定演出，劇場較小、表演風格親民，觀賞感受與在國外表演時的大排場完全不同，開場前20分鐘很容易買到半價票，有機會可以去看看。

☑ 墨鏡是必備品

理由：由於地處高緯度地區，陽光容易直射眼睛造成不適，戴副墨鏡除了造型時尚之外也做好保護眼睛的準備。

☑ 前往酒吧，體驗當地生活

理由：沒有到過酒吧等於沒到過愛爾蘭。愛爾蘭酒吧室內完全禁菸且一定會提供現場演奏音樂，每間店都有供應正餐與電視，兼具酒吧、運動酒吧、餐廳的功能，早上就營業的店家也會提供傳統早餐。全國各地都有很多特色店家，蓋在廢棄教堂裡的酒吧、有傳統音樂大師進駐的酒吧……，喝酒是為了與友人交流聊天、聽音樂，飯後小酌一杯、體驗一下愛爾蘭人的生活。

☑ 愛爾蘭知名飲品一定要嘗

理由：愛爾蘭人愛喝酒眾所皆知，全球知名品牌有：啤酒健力士(Guinness)、蘋果酒Bulmers、奶酒貝禮詩(Bailey's)；威士忌Jameson、Bushmills……。還有加了威士忌、紅糖與奶油的愛爾蘭咖啡。除了耳熟能詳的品牌之外，各地都有自釀啤酒可以嘗試看看。

☑ 不可錯過的經典料理

理由：愛爾蘭傳統早餐(Traditional Breakfast)和愛爾蘭燉肉(Irish Stew)也是一定要體驗的料理，早餐通常大同小異；燉肉則每間餐廳有不同的做法，牛肉或羊肉、作為調味料的酒類的不同而各有風味，主食部分的馬鈴薯或是蘇打麵包也充滿濃濃的愛爾蘭料理風格。

愛爾蘭行前 Q&A
旅遊愛爾蘭你最想知道的問題……

Q1

去愛爾蘭旅遊安全嗎？

　　愛爾蘭整體上是非常安全的國家，但由於政治問題的關係常會有政治遊行，在北愛平常也很安全，不過7月12日的新教徒慶祝打敗天主教徒的遊行比較有可能會發生事件，雖然遊行通常聚集在新教徒區，每隔三五年會有一次較大的衝突，可以考慮7月中避開前往貝爾法斯特。另外，都柏林市中心人蛇混雜，出門在外隨時要注意隨身物品及人身安全。

Q2

去愛爾蘭交通方便嗎？

　　從台灣直飛巴黎、倫敦、阿姆斯特丹、法蘭克福或是維也納，只要轉機一次就可以抵達首都都柏林，非常方便，如果是搭乘廉航，提早準備還有機會可以買到10歐機票，相當便宜。覺得廉航規定太多、想省麻煩搭乘一般航空的話，轉機選擇就更多了。其它歐洲大城市也都有直飛都柏林的班機，可以多比價看看。

Q3

愛爾蘭講英文通嗎？

　　愛爾蘭官方語言是愛爾蘭語、英語並行，但由於被英國統治過久，英語成為他們慣用的語言，現在很多年輕人也只會講一些愛爾蘭語基本用語而已了；如果參加英文導覽，其實會聽到許多母語人士才會使用的艱澀形容詞而略感壓力呢！

編輯室提醒

出發前，請記得利用書上提供的Data再一次確認

　　每一個城市都是有生命的，會隨著時間不斷成長，「改變」於是成為不可避免的常態，雖然本書的作者與編輯已經盡力，讓書中呈現最新最完整的資訊，但是，我們仍要提醒本書的讀者，必要的時候，請多利用書中的網址或電話，再次確認相關訊息。

資訊不代表對服務品質的背書

　　本書作者所提供的飯店、餐廳、商店等等資訊，是作者個人經歷或採訪獲得的資訊，本書作者盡力介紹有特色與價值的旅遊資訊，但是過去有讀者因為店家或機構服務態度不佳，而產生對作者的誤解。敝社申明，「服務」是一種「人為」，作者無法為所有服務生或任何機構的職員背書他們的品行，甚或是費用與服務內容也會隨時間調動，所以，因時因地因人，可能會與作者的體會不同，這也是旅行的特質。

新版與舊版

　　太雅旅遊書中銷售穩定的書籍，會不斷再版，並利用再版時做修訂工作。通常修訂時，還會新增餐廳、店家，重新製作專題，所以舊版的經典之作，可能會縮小版面，或是僅以情報簡短附錄。不論我們作何改變，一定考量讀者的利益。

票價震盪現象

　　越受歡迎的觀光城市，參觀門票和交通票券的價格，越容易調漲，但是調幅不大(例如倫敦)，若出現跟書中的價格有微小差距，請以平常心接受。

謝謝眾多讀者的來信

　　過去太雅旅遊書，透過非常多讀者的來信，得知更多的資訊，甚至幫忙修訂，非常感謝你們幫忙的熱心與愛好旅遊的熱情。歡迎讀者將你所知道的變動後訊息，善用我們提供的「線上回函」或是直接寫信來taiya@morningstar.com.tw，讓華文旅遊者在世界成為彼此的幫助。

太雅旅行作家俱樂部

So Easy 096

開始在愛爾蘭自助旅行 最新版

作　　者	陳琬蓉

總 編 輯	張芳玲
書系企劃	taiya旅遊研究室
編輯部主任	張焙宜
主責編輯	邱律婷
修訂主編	鄧鈺澐
封面設計	許志忠
美術設計	許志忠
地圖繪製	許志忠

國家圖書館出版品預行編目(CIP)資料

開始在愛爾蘭自助旅行／陳琬蓉作.
——二版，——臺北市：太雅，2020.03
面；　公分 . ——（So easy；96）
ISBN　978-986-336-372-9（平裝）

1.自助旅行　2.愛爾蘭

741.789　　　　　　　　　　　　108022483

太雅出版社
TEL：(02)2882-0755　FAX：(02)2882-1500
E-MAIL：taiya@morningstar.com.tw
郵政信箱：台北市郵政53-1291號信箱
太雅網址：http://taiya.morningstar.com.tw
購書網址：http://www.morningstar.com.tw
讀者專線：(02)2367-2044、(02)2367-2047

出 版 者　太雅出版有限公司
　　　　　台北市11167劍潭路13號2樓
　　　　　行政院新聞局局版台業字第五○○四號

總 經 銷　知己圖書股份有限公司
　　　　　106 台北市辛亥路一段30號9樓
　　　　　TEL：(02)2367-2044 / 2367-2047　FAX：(02)2363-5741
　　　　　網路書店：http://www.morningstar.com.tw
　　　　　郵政劃撥：15060393 (知己圖書股份有限公司)

法律顧問　陳思成律師

印　　刷　上好印刷股份有限公司　TEL：(04)2315-0280
裝　　訂　大和精緻製訂股份有限公司　TEL：(04)2311-0221

二　　版　西元2020年03月10日
定　　價　270元
(本書如有破損或缺頁，退換書請寄至：台中市工業30路1號　太雅出版倉儲部收)

ISBN　978-986-336-372-9
Published by TAIYA Publishing Co.,Ltd.
Printed in Taiwan

適合獨自探索的旅遊國度

都柏林，有最多愛爾蘭歷史的血淚，也是愛爾蘭的首都，但只逛過都柏林絕對無法看到愛爾蘭傳承數千年的自然與文化，音樂、酒、運動、文學、歷史、科技、神話、自然、友善健談的當地人……各種豐富的旅行體驗樣樣不缺。愛爾蘭是一個需要深入探索的國度，非常適合獨自一人、或和三五好友一起出發，帶著冒險的心情去愛爾蘭繞一圈吧！在夏天環愛，風景、人文和氣候絕對會成為你一輩子難忘的回憶。

從台灣前往愛爾蘭沒有直飛班機，中文資料也不多，真的想去的話要查閱許多英文資料，許多人都會在準備這些步驟時就直接考慮其他熱門國家，但愛爾蘭其實是很受西方自助旅行者歡迎的，因為這裡講英文、安全、交通便利(對習慣自助旅行的人來說)，希望能夠藉由這次的介紹，讓各位想前去愛爾蘭一探究竟。

在寫美食篇的時候，我突然強烈懷念起去Londis點一個便宜的三明治和不是很像咖啡的咖啡，把它加滿牛奶，走到St. Stephen's Green，在18度的氣溫下坐在草地上曬太陽看天鵝、跟大家圍成一圈聊著各種事情的日子，感謝在愛爾蘭這一年認識和了解到的人事物，不論好壞都能夠成為一輩子的回憶，而這大概也是令過客們最無可自拔的初衷吧！

感謝Ginny和阿璇師的照片，如果用我拍的風景照出書真的會愧對愛爾蘭的美。也謝謝太雅出版社給我這個機會推廣愛爾蘭。隨著時間流逝，若本書有任何過時資訊或勘誤，還請不吝指教。

Ireland · 愛 爾 蘭

關於作者

陳琬蓉

　繼日本之後，又拿著打工度假簽證在愛爾蘭玩了一年，最喜歡Ring of Kerry驚人的綠、Wicklow gap春天無法用相機捕捉的迷濛、充滿神話傳說的遺跡、像探索樂園的城堡、走在鄉間小路上對我們脫帽致意「Good afternoon, ladies.」的紳士、用湯匙打拍也可以加入傳統音樂演奏同樂的百年老酒吧，和夏天20度C的完美氣溫。

　愛爾蘭行程結束後在歐洲待了一陣子，喜歡利用大眾交通工具一個人到處逛逛，和不認識的人閒聊各種所見所聞及文化差異，體驗各地的風土民情和想念台灣的好。世界很大，接下來還想到更多地方去看看。

目 錄

10

認識愛爾蘭

20

行前準備

32

機場篇

42

交通篇

64

住宿篇

70

飲食篇

以上 3 圖攝影 / Ginny Peng

認識愛爾蘭
About Ireland

愛爾蘭，是個什麼樣的城市？

這個位於國人經常造訪的西歐，卻不是大家熟悉的國家，
究竟愛爾蘭是個怎麼樣的地方呢？藉由本篇的基本資訊來認識這個國家吧。

攝影／謝宜璇

愛爾蘭速覽

位於歐洲最西邊的愛爾蘭島，是什麼樣的國度呢？

攝影／謝宜璇

■ 愛爾蘭小檔案 01

地理 | 歐洲最西邊的島國

愛爾蘭島位於歐洲最西邊，屬於西歐的一部分，中隔愛爾蘭海與英國相望，島上有兩個國家：愛爾蘭共和國與聯合王國北愛地區。

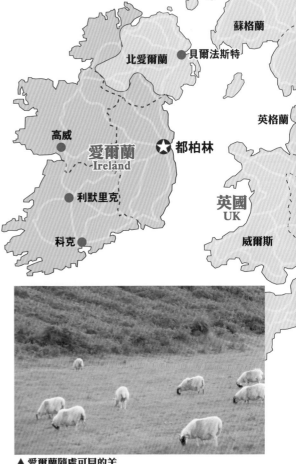

🛞 豆知識

愛爾蘭行政區域劃分

古愛爾蘭曾經分為四個王國：東愛爾蘭(Leinster)、西愛爾蘭(Connaught)、南愛爾蘭(Munster)、北愛爾蘭(Ulster)，這四個名字常在傳說故事中出現，也有許多企業以此命名。2014年以前國家仍沿用這些四個名字將愛爾蘭劃分為四個省，改制後則成為31個郡。

▲ 愛爾蘭隨處可見的羊

認識愛爾蘭

歷史 | 與英國趨近於平緩的關係

史前時代

都柏林東北方的考古遺跡博因宮石墓群已被證實建立於西元前6600年左右，愛爾蘭島的文明發展甚早，隨著西元前300年左右中歐的凱爾特人登島，加速了愛爾蘭的發展。

傳道士興盛的時代

西元5世紀時聖派翠克(St. Patrick)前往愛爾蘭傳教，爲愛爾蘭帶來信仰、文字、音樂、舞蹈與藝術。從此結束蠻荒時代，而重視人民聲音的傳教方式，爲愛爾蘭社會發展打下深厚的基礎，現今每年3月17日的聖派翠克節，就是紀念這位聖人去世的日子。

諾曼人入侵

西元8世紀起維京人開始活動，維京人占領島上土地定居，造成島上的社會與宗教分裂，使得英格蘭人有機可趁。西元1541年英王亨利八世宣布愛爾蘭王國直接由英國國王管轄，開始讓英格蘭人殖民，要求愛爾蘭居民信奉英國國教，各種打壓愛爾蘭人的方針，自此埋下日後衝突種子。

愛爾蘭基本情報

正式國名：愛爾蘭共和國(Republic of Ireland)
官方語言：愛爾蘭語、英語
首　都：都柏林(Dublin)
面　積：約70,273平方公里
人　口：約460萬人
政　體：議會共和制
宗　教：天主教
貨　幣：歐元(Euro)

▲ 海關大廈(Custom house)

獨立運動

被不平等待遇統治數百年的天主教徒相當貧窮且沒有社會地位。19世紀末，第一個進入英國議會的天主教徒Daniel O'Connell發起了第一個組織性獨立運動，之後最具代表性的則是1916年的復活節起義(Easter Rising)，革命持續到1921年，不包含北愛六郡的愛爾蘭共和國正式獨立。

現代發展

愛爾蘭在1948年退出聯合王國，政治與經濟發展沒有起色、國家內部分歧也依舊持續，直到2002年加入歐盟前都還是發展不被看好的國家，之後藉由歐盟的輔導制度，經濟發展迅速起飛，英文母語、低外資稅率的優勢吸引美澳企業以愛爾蘭爲跳板進軍歐洲，凱爾特之虎的成長成爲歐盟自豪的經濟案例。

和平許久、經濟起飛、愛爾蘭共和軍宣布放棄武力統一後，聯合王國與愛爾蘭的政治衝突漸趨平緩，2011年起，聯合王國女王及王儲、愛爾蘭總統也互相參加對方的國家慶典，讓兩國關係大有進展。

愛爾蘭小檔案 03

氣候 | 氣候溫和，多陰雨天

　　分類上屬於溫帶海洋性氣候，由於有墨西哥灣暖流經過的關係所以氣候溫和。整體氣溫較台灣偏低，全年溫度0～20度左右，少有下雪的情形，飄雨、陰天的日子多，但也不常有大雨。島嶼西邊所有海岸風都很大，若是下雨的日子體感溫度會特別冷，要注意衣物的選擇與準備。夏天的日光曬起來則非常舒適。

攝影／謝宜璇

愛爾蘭小檔案 04

語言 | 愛爾蘭語、英語並行

　　英語在14世紀時隨著英格蘭人入侵正式上島，由於長期被聯合王國高壓統治，導致現在大多數人說英語比愛爾蘭語流利，甚至政府需要制定政策來推廣母語復興。

　　與台灣人使用中文會受台語影響的情形很類似，愛爾蘭英語（Hiberno English或Irish English）受到愛爾蘭語影響，腔調中有很多r音，使愛爾蘭人講的英文腔調有自己的特色，或是同樣的英文單字在愛爾蘭卻有不一樣的意思；愛爾蘭人也會在英語中穿插愛爾蘭語的單字混合使用。另外，如同台灣有海口腔、南部腔的差異，愛爾蘭各地的腔調也有相同的情形。

　　愛爾蘭英語曾被票選為世上最性感的口音，若有機會跟當地人聊天一定要多聽聽看。

▲ Grand是愛爾蘭腔的Great，愛爾蘭人相當喜歡這個字

愛爾蘭小檔案 05

人口 | 多元種族的大熔爐

　　愛爾蘭人口主要集中在都柏林，身為歐盟成員國、歐洲的英語國家，且不論經商、求學、移民條件沒有英國嚴格，所以首都有許多外國人。人民普遍親切，喜歡小酌、靈魂裡充滿音樂和酒精，非常喜歡聊天。

愛爾蘭小檔案 06

貨幣 | 以歐元為主

　　使用歐元，在台灣各大銀行即可兌換。建議攜帶20歐以下的鈔票較為方便。信用卡使用在愛爾蘭相當普遍，幾十塊台幣也可以刷。若跨國消費手續費便宜，則可以刷卡消費為主，帶少量現金、以及可跨國提款的提款卡即可。

Euro＝歐元／Cent＝分
1歐元＝100分

認識愛爾蘭

假日 | 不同的活動體驗、降價促銷

聖派翠克日(Saint Patrick's Day)

國慶日為聖派翠克日,除了愛爾蘭也有許多國家會同時慶祝這個日子,穿上綠色的衣服、帶著綠色的飾品,配合三葉草、愛錢的地精等愛爾蘭象徵物上街狂歡。

基督受難日(Good Friday)

許多歐美國家都會放復活節前週五的基督受難日,然而這一天並不是愛爾蘭的國定假日,但是大多數商家、學校都有放假,自動變成一個復活節連假。

聖史蒂芬日(St. Stephen's Day)

同於英系國家的Boxing Day,封建時期貴族們會在這天發放獎勵給奴隸、僕人,並進行狩獵加菜、教會會將捐獻分發給信徒與窮人。有些城鎮還會舉辦傳統的狩獵解禁活動,但現今大多數地方都改成聖誕節後的第一次清倉大拍賣,聖誕節前買不下手的東西,從這天開始都會降價促銷!

1月1日	新年
3月17日	聖派翠克日(St. Patrick's Day)
4月	復活節(Easter)
4月	復活節後星期一(Easter Monday)
5月第一個週一	勞動節(May Day)
5月最後一個週一	春季假日(Spring Bank Holiday)只有北愛
6月第一個週一	6月假日(June Bank Holiday)
7月12日	博因河戰役紀念日(Battle of the Boyne Anniversary)只有北愛
8月第一個週一	8月假日(August Bank Holiday)只有愛爾蘭
8月最後一個週一	夏季假日(Summer Bank Holiday)只有北愛
10月第一個週一	10月假日(October Bank Holiday)只有愛爾蘭
12月25日	聖誕節(Christmas Day)
12月26日	聖史蒂芬日(St. Stephen's Day)

※ 資料時有異動,出發前請上網確認:publicholidays.eu/ireland

航程 | 16～20小時

台灣沒有直達班機,需要轉機。由於都柏林是歐洲商業重心之一,加上世界最大廉航之一瑞安航空(Ryanair)是愛爾蘭公司,往來都柏林的航線眾多。開車、騎車環歐者也有從法國或英國搭乘渡輪的選項。

電壓 | 240V T字形插頭

T字形三孔插頭,240V。出發前請先確認電器可接受的電壓,並準備好轉接頭。

交通 | 除連假前後,其餘較少塞車

國民人數少、觀光客相較其他國也少,首都只有主要道路O'Connell Street在連假前後會稍微塞車,整體而言交通都很順暢。國內交通方式有自駕、客運、火車、飛機。

▲ The Burren way

愛爾蘭小檔案 11

時差 | 比台灣慢7或8小時

　　時區爲格林威治時間（GMT+0）；夏令時間慢台
灣8小時；冬令時間（10月最後一個週日～3月最
後一個週日）慢台灣7小時；其他時間爲夏令時
間。日期標示習慣爲：dd / mm / yyyy。

台灣時間	1	2	3	4	5	6	7	8	9	10	11	12	13	14	15	16	17	18	19	20	21	22	23	24
愛爾蘭夏令時間	17	18	19	20	21	22	23	24	1	2	3	4	5	6	7	8	9	10	11	12	13	14	15	16
愛爾蘭冬令時間	16	17	18	19	20	21	22	23	24	1	2	3	4	5	6	7	8	9	10	11	12	13	14	15

愛爾蘭印象

▲ 都柏林的大河之舞表演劇
院Gaiety theatre

▲ 詩人葉慈的家鄉Sligo到
處有葉慈的蹤跡

　　愛爾蘭以酒、音樂舞蹈與文學成就聞名。也是
因為知名人士輩出，才得以讓愛爾蘭獨具一格的
藝術成就能夠持續受到矚目。另外，英領時期有
許多人逃往海外尋找新生活，如今有許多名人為
愛爾蘭裔，如歐巴馬、甘迺迪家族、喬治克隆
尼、梅爾吉勃遜……。

演藝界

　　麥克佛萊利，大河之舞團長，在歐洲音樂大賽
上表演整齊劃一到驚人境界的愛爾蘭舞，使愛爾
蘭舞一炮而紅，前往劇院觀看表演也成為許多遊
客到愛爾蘭會進行的活動之一。其他還有皮爾斯
布洛斯南（007系列）、柯林法洛……。

音樂界

　　流行音樂指標性比賽，歐洲流行音樂大賽
（Eurovision Song Contest）的得獎者經常是愛爾蘭
人；知名樂團U2、小紅莓樂團、西城男孩、一世
代等；獨立音樂界翹楚恩雅的創作裡也不乏愛爾
蘭文歌曲。

文學界

　　文學部分，以人口比例而言算是小國的愛爾
蘭，就曾出過6位諾貝爾文學獎得主，比例相當
驚人。浪漫主義作家王爾德、意識流宗師喬伊
斯，也都在文學史上佔有一席之地。其他還有葉
慈、蕭伯納、向達倫等。

商業界

　　亞瑟健力士（Arthur Guinness）：健力士啤酒
（Guinness），同時也是金氏世界紀錄（Guinness
record）創辦人之一。

　　Collison兄弟檔：新創金流服務Stripe創辦人。

認識愛爾蘭

豎琴(Harp)

凱爾特豎琴大約流行了千年左右，選用樂器作為象徵，代表了愛爾蘭民族長久以來對音樂與藝術的熱情，獨立後也成為了國徽，最常看到的地方就是硬幣，店家招牌如果要強調愛爾蘭特色，也都會使用豎琴或白花三葉草。

攝影／謝宜璇

白花三葉草(Shamrock)

愛爾蘭國花白花三葉草，傳說在5世紀聖派翠克來傳教時，用遍地生長的白花三葉草作為三位一體的解釋，18世紀起革命軍和移民海外的愛爾蘭人，開始大量使用綠色和白花三葉草做為制服或視覺象徵，從此成為愛爾蘭的代表，只要看到三葉草標誌，幾乎就可以想見和愛爾蘭有些關係。

凱爾特十字架

傳教士將十字架融合了當地文化，加上凱爾特人所信仰的太陽環，以及刻上代表各種自然現象的凱爾特三角(Triquetra)、凱爾特螺旋(Spiral)或凱爾特環(Fold)，或是用這些圖騰所組成的動物，成為了獨具風格的十字架。這些圖騰也常在商店裡，或是各種平面設計作品上看到。

攝影／謝宜璇

地精(Leprechauns)

地精是除了白花三葉草和豎琴外最常出現在大街小巷的愛爾蘭標誌性人物，是民間傳說中最受歡迎的精靈，通常是頭戴禮帽、手拿金甕，身高約1公尺的老人形象，只要走到彩虹

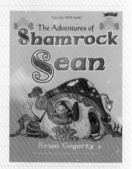

的盡頭就能找到他，不過不要肖想他的金幣，狡猾的地精總是把自己的財產藏的好好的。

在紀念品店、2歐店、聖派翠克節，可以一直看見他的蹤影。

指指點點愛爾蘭文

旅遊愛爾蘭必知的單字與手勢有哪些？

愛爾蘭語以凱爾特語系為基礎，千年來融合了法語、英語、外來語而成為現在的模式，使用狀況大致上和台語類似，雖然國民教育編了長達9年的母語課程，然而如果問大學生以上年紀的愛爾蘭人「你會說愛爾蘭語嗎？」也許可以得到愛爾蘭語的回應，但卻是這句「cupla focal：會說一點點」。但由於國家規定正式場合都需要兩種語言同時並行，路標、店名、宣傳手冊……，愛爾蘭文其實是隨處可見的。

基礎愛爾蘭文

基礎到許多地方不會同時標示英文的單字

Fir	Mná	Garda	Éire	Baile Átha Cliath
男人	女人	警察	愛爾蘭	都柏林

旅行實用單字

An Lár	Slainte!	Aire!	Tá fáilte romhat
市中心	乾杯	注意	不客氣
Aerphort	Lána	Busáras	Tá / Níl
機場	公車	客運總站	是 / 否
Fáilte	Cosc ar Pháirceáil	Leithreas	Go raibh maith agat
歡迎 / 觀光局	禁止停車	廁所	謝謝
Oifig an Phoist	Carrchlós	Gabh mo leithsceal	Slán
郵局	停車場	不好意思	再見
Dé Luaín	Dé Máirt	Dé Ceádaoin	Déardaoin
星期一	星期二	星期三	星期四
Dé hAoine	Dé Sathairn	Dé Domhnaigh	
星期五	星期六	星期日	

數字與手勢

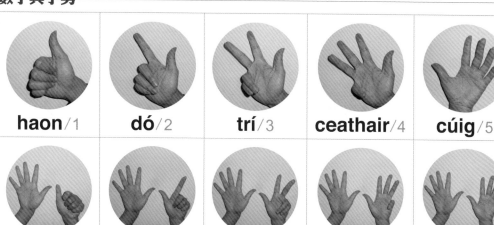

haon/1	dó/2	trí/3	ceathair/4	cúig/5
sé/6	seacht/7	hocht/8	naoi/9	deich/10

愛式英語

愛爾蘭人講英語有獨特的口癖，以及愛爾蘭人特有的方式，有機會可以試試看。

- Quarter past six / 6點15分。
- Half six / 6點30分。
- Quarter to seven / 6點45分。
- Dublin / 首都都柏林，愛爾蘭人的念法會將「Du」發音為「兜」。

愛式英語	說明
What's the craic? 你好嗎？	招呼用語，類似英語What's going on；craic是愛爾蘭語「愉快」的意思
I'm grand. / 我很好	等同英語I'm fine.
Thanks a mill. / Thanks a million. / 謝謝	不少人喜歡使用此誇飾版本的謝謝
Fair play to ya!	等同英語的Well done
Lovely.	用於形容天氣好、食物好吃，或人很好
Cat.	用於形容天氣不好，或一切不順心的時候，用法類似awful

數字寫法

西方人很習慣強調數字的曲線，寫法如圖所示，有趣的是真的很多歐洲人看不懂我們東方慣用的寫法，想用手寫表達時可以注意一下。

0 1 2 3 4 5 6 7 8 9

反手比「耶！」

這個手勢對國人來說是個常用的拍照手勢，但是在愛爾蘭卻是代表「fuck」，記得不要使用這個手勢。

再點一杯酒

在酒吧，如果坐在吧檯區，與酒保四目相交時，用食指輕敲空杯杯緣，並將杯子往前推向酒保，就是再點一杯同樣的酒的意思。不過只適用於安靜的酒吧。

眨眼(Wink)

這大概算是愛爾蘭式幽默的肢體動作特色了，不管是搭訕、購物、聊天，甚至是正式的應答場合，都常會看到愛爾蘭人對你眨眼，可能沒有什麼特別的意思，就是個習慣，還滿有趣的。

行前準備
Preparation

出發前，要預做哪些準備？

雖然說遇到問題不要慌，想辦法解決就可以了，

但如果事前多一些準備，減少突發狀況發生，心裡也比較踏實。

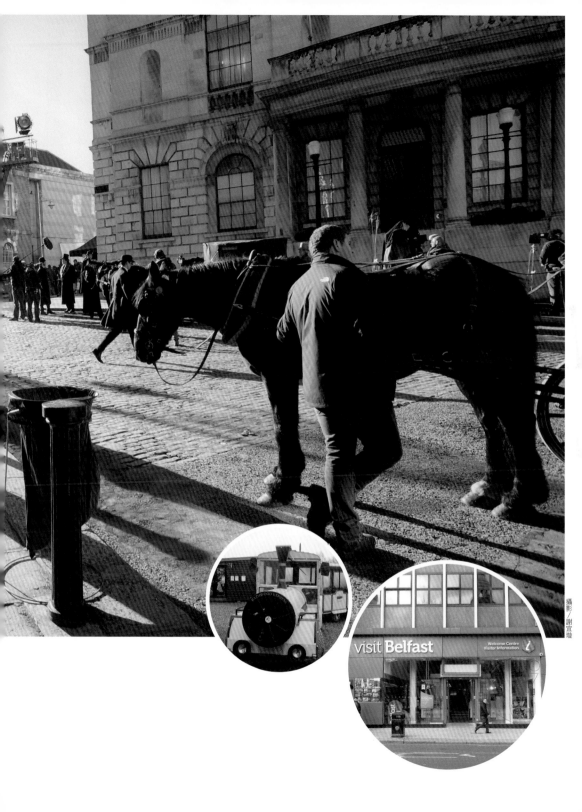

證件準備

出發前，先申請護照、國際駕照、國際卡證。

護照
Passport

須具備6個月以上效期方可出入境。新換或換照可委託旅行社辦理，或是自行前往外交部辦事處辦理，全台有5個辦事處，先在網路上預約取件，可以節省現場排隊時間。

申請護照所需文件

■ 護照申請書
■ 護照規格大頭照2張
■ 國民身分證正本、影本；男性兵役證明
■ 舊護照正本(第一次申辦則免)

申請護照所需時間、費用

■ 週一～五08:30～17:00(中午不休息，另申辦護照櫃檯每週三延長辦公時間至20:00)
■ 一般申請案4個工作天，遺失補發5個工作天
■ 護照規費1,300元

簽證
VISA

自2009年7月1日起，持台灣護照、以觀光目的入境愛爾蘭者免申請簽證，但需備妥相關文件，如訂房紀錄、來回機票、財力證明、保險證明、

在愛爾蘭聯繫人聯絡方式……，若被海關質疑入境目的不是觀光，可能會無法入境。

若能準備一份台灣是免簽國名單的英文文件會更好，截至2015年仍偶爾會聽說歐洲各國都有人被海關質疑台灣是不是免簽國的問題發生。

英國於2009年3月3日起對台灣護照實施免簽入境，故入境北愛爾蘭也不需準備簽證。

護照這裡辦

外交部領事事務局
🌐 www.boca.gov.tw
✉ 台北市中正區濟南路1段2之2號3～5樓
📞 (02)2343-2888

外交部中部辦事處
✉ 台中市南屯區黎明路2段503號1樓
📞 (04)2251-0799

外交部雲嘉南辦事處
✉ 嘉義市東區吳鳳北路184號2樓
📞 (05)225-1567

外交部南部辦事處
✉ 高雄市前金區成功一路436號2樓
📞 (07)211-0605

外交部東部辦事處
✉ 花蓮市中山路371號6樓
📞 (03)833-1041

※ 資料時有異動，請以官方公布的最新資料為主

申根國停留時間

我國國人可免簽入境愛爾蘭90天、英國180天,且愛爾蘭、英國皆非申根國,停留時間不會被算在申根停留期限裡,有計畫長期旅遊的背包客,在申根國簽證期滿時,可到愛爾蘭、英國待一陣子。

國際駕照
International Driver's License

在愛爾蘭旅行,最推薦的方式是機動性大的自駕,若有2人以上,則開銷和景點間節省的時間,性價比會比搭乘大眾運輸要好得多。

請注意 愛爾蘭為右駕,駕駛習慣完全與台灣相反,若沒有信心請勿開車。

國際駕照這裡辦

- ✉ 各地所屬監理單位均可申辦
- 💲 新台幣250元
- ℹ 申辦方式:現場親辦
  準備證件:國民身分證正本、影本,駕照正本,護照(確認英文姓名拼法),2吋大頭照2張

※ 資料時有異動,請以官方公布的最新資料為主

其他旅行證件
Others

國際卡證

愛爾蘭也有許多學生優惠,長途客運、火車、許多觀光景點可以使用國際學生證、國際青年證購買學生票,如果符合申請資格,出國前申請好一張帶出國使用。

請注意 台灣有許多旅行社推出使用國際學生證購買學生機票的優惠,是除了廉價航空外,另一個便宜購票的選擇。

YH國際青年旅舍卡

如果會前往歐洲2個國家以上,或是愛爾蘭、北歐這類高消費國家、且以住青年旅館為主,申請YH國際青年旅舍卡是個不錯的選擇,就算只打9折也可節省不少,也有合作的餐廳、戶外活動、景點的門票優惠,可參考各國HI官網說明。

請注意 只有加入協會的青年旅館才會配合相關優惠,青年旅館眾多但不是每間都會加入協會,是否申請這張卡證需要仔細做好功課。

證件申辦資訊看這裡

國際學生證、國際青年證
康文文教基金會
- 🌐 www.travel934.org.tw
- 💲 新台幣400元
- ℹ 現場親辦、郵寄申辦

台北辦事處
- ✉ 台北市大安區忠孝東路四段142號5樓504室
- 📞 (02)8773-1333

台中辦事處
- ✉ 台中市台灣大道二段285號7樓之2
- 📞 (04)2322-7528

高雄辦事處
- ✉ 高雄市前金區中華四路282號3樓
- 📞 (07)215-0056

YH國際青年旅舍卡
中華民國國際青年之家協會
- 🌐 www.yh.org.tw
- ✉ 台北市中正區北平西路3號3樓3037室(台北火車站東二門)
- 📞 (02)2331-1102
- 💲 個人卡600元、團體卡2,000元
- ℹ 現場親辦、郵寄申辦
  此單位也可以申辦國際學生證、國際青年證,一次申辦多張卡證有些許優惠

※ 資料時有異動,請以官方公布的最新資料為主

匯兌與信用卡

行前準備好現金，設定信用卡密碼，了解如何跨國提款。

攝影／謝宜璇

匯兌
Currency Exchange

雖然都柏林市中心有很多匯兌所，全國大部分銀行也都可匯兌，但是新台幣無法在歐洲兌換，出國前請準備好現金、跨國提款卡、信用卡較方便；匯兌所可以接受零錢、也可以換到零錢。

不建議用外幣換歐元，除了匯差會造成損失，銀行或匯兌所都會收取手續費或是提供較差的匯率，盡量帶好歐元現金或是準備好跨國提款卡。

信用卡
Credit Card

在愛爾蘭使用信用卡相當方便，超市或商店、買車票或儲值、餐廳統統可以刷。建議挑選跨國刷卡回饋好的卡帶出國用。另外，帶2、3張卡出門是比較保險的，因為跨國刷卡有時會因為系統不相容而刷不過，多帶幾張可以換卡使用。

▲ 店門口都有醒目標示接受信用卡付款

貼心 小提醒

旅行支票

需要有愛爾蘭的銀行帳戶才能兌換，一般旅客請勿攜帶。

金融卡

ATM Card

愛爾蘭的提款機幾乎可以跨國提款，相當方便。出國前向銀行確認已開啟跨國提款功能，並確認是否需要另外設定跨國提款密碼。為避免國外提款機無法讀取的狀況，帶著2張提款卡比較保險，通常郵局提款卡比較不會有讀取問題。

比較建議在AIB的ATM領錢，匯率較好，比較容易讀到外國金融卡，機器站點多。

跨國提款步驟 Step by Step

Step 1 插入提款卡

Step 2 輸入跨國提款密碼

Step 3 選擇提款

通常是Cash或Withdraw。

顯示餘額 Display balance
提款 Cash
變更密碼 PIN services
提款與收據 Cash with receipt

Step 4 選擇提款金額

一天大約可領200歐，如果覺得快速鍵提供的金額太少，請按其他然後自行輸入，以免浪費手續費。

€20
€40
提領其他金額 Other

Step 5 取回卡片、領取現金

蒐集旅遊資訊

行前功課一定要做，開始蒐集旅遊資訊吧！

實用官方網站 *Website*

官方旅遊網站上有全國各地活動、主題旅遊、室內外景點、食物推薦、登山、高爾夫、潛水等戶外活動、住宿情報。有依照主題不同，有依地區、季節分類推薦行程，資料豐富且更新及時，還有幫忙製作地圖的功能，也有許多官方旅遊APP可使用，安排行程時可多參考。

愛爾蘭旅遊局
http www.discoverireland.ie

遊覽都柏林
http www.visitdublin.com

北愛旅遊局
http discovernorthernireland.
com

旅行社這裡找

Day tour：www.irishdaytours.ie
Paddy wagon：www.paddywagontours.com
Collins：www.collinsdaytours.com
New Europe：www.newdublintours.com
Free Walking Tour：www.dublinfreewalkingtour.ie
權力遊戲一日遊：www.gameofthronestours.com

※ 資料時有異動，請以官方公布的最新資料為主

旅行社 *Travel Agency*

愛爾蘭大大小小的旅行社很多，依照季節會有許多不同的行程，也有許多主題之旅，例如Free Walking Tour這家公司還有推出酒吧巡禮、文學巡禮、音樂巡禮等行程。幾間廣告打比較多的旅行社，網路上預約行程會有折扣；不過入境後再請住宿機構服務人員或遊客中心幫忙預定，時間上會比較有彈性，廣告單在遊客中心或飯店櫃台都很容易取得。若是自行開車，也可以參考各家行程去安排路線。

當地遊客中心 *Visitor Center*

官方的遊客中心有相當多的紙本資料，也配有電腦可以查詢官方旅遊資訊，中心內的服務人員除了提供行程諮詢外，也可以代訂一日遊行程。大型城鎮幾乎都設有遊客中心，且每間會有不同的當地資訊（例如鄰近景點的精細地圖等），自助時不妨都先到遊客中心逛逛。

行程規畫

先決定合適的旅遊季節，再選擇你的旅遊方式。

選擇旅行季節
Pick a Season

若有特定目的，如登山、潛水、騎車等戶外活動，先查詢旅遊官網上推薦的活動城市，再查詢地點與活動關鍵字，組合成順暢的行程。

5～9月

愛爾蘭緯度高，平均氣溫較低，氣候多雨，適合旅行的季節為天氣較好的晚春到初秋，若要以戶外活動為主，則夏天較合適。要注意的是愛爾蘭夏天氣溫最高也只有台灣春天的溫度，且早晚溫差大，海邊風大會更冷。怕冷的人要注意衣物搭配。即使是夏天旺季遊客也不會太多，氣溫涼爽，是避暑的最佳選擇。

▲ 三一學院欲參觀凱爾經的排隊人潮(春季)

都柏林市區觀光

都柏林多為文化、歷史景點，屬於室內觀光，故全年皆適合前往。

▲ 景點周遊巴士

選擇旅遊方式
Plan Your Trip

整體開銷大約是西歐的平均程度，有點貴但不會像倫敦、巴黎等一線城市那麼貴。淡季住宿會便宜一些但差異不會太大，價格差異主要和住宿等級與地點有關；其他開銷和季節較無關係。

若想要在聖派翠克日前往都柏林則需要提早3個月做功課，其他假日大約提早數週準備即可。

目前台灣並無愛爾蘭旅行團，只能自助前往，全程自助、或是參加當地旅行團的半自助模式。

旅遊方式優缺點分析

觀光種類	開銷	優點	缺點
自駕	3人以上非常划算	機動性高,時間彈性。	愛爾蘭為右駕,並非人人敢開;需要花大量時間做功課。
大眾交通工具自助	功課做足可省下大筆開銷	機動性較高,最容易體驗風土民情(亞洲臉孔容易被搭話)。	需要花大量時間做功課;交通班次不多,行程受限。
參加當地旅行團	和自行乘車差不多	隨車導覽,免做功課,登山、潛水、遊艇各種主題皆有。	行程緊湊、每個景點的參觀時間不多;英文導覽用詞艱澀。

免費步行導覽(walking tour)

都柏林、貝爾法斯特、德里等城市有許多旅行公司舉辦2小時左右的步行導覽,導遊皆為當地人,解說非常生動有趣,參加免費,結束後自由給小費。也有付費主題行程,如酒吧巡禮、文學探訪……。

但由於英文是愛爾蘭人的母語且較有深度的導遊會比較有文學底子,如果您的英文僅普通程度,其實聽起來會很吃力。

依照每位導遊的習慣不同,每個導覽會各有特色:在都柏林城堡後的某個小巷子講一些詭異的都市傳說;如果團裡有西班牙人、英國人,還會開他們玩笑講一些軼聞。挑選你有興趣的行程參加看看吧!

◀ 在O'Connell Street上舉牌吸引人潮的步行導覽導遊

▲ 解說完Molly Malone故事就唱起同名民謠的導遊

旅費預算

項目	預算(歐元)
青年旅館宿舍房一人床位	10~50(淡旺季、地點差異)
飯店、民宿雙人房	40~300(淡旺季、地點、等級差異)
市區公車	2~5(依距離計價)
租車(加購全險)	50起(車款、預定時間長短差異)
飲料(咖啡、啤酒)	2~3,酒吧內貴1~2倍
麵包	0.33~5
三明治、蛋糕	4~6
速食店套餐	7~10
餐廳套餐(前菜、主餐、湯或飲料)	10~依餐廳等級
小費	想給才需要給

 豆知識

以愛爾蘭為拍攝地的電影

《星際大戰:原力覺醒》
(Star Wars: The Force Awakens)

《哈利波特:混血王子的背叛》
(Harry Potter and the Half-Blood Prince)

《維京傳奇》(Vikings)

《敗犬求婚日》(Leap Year)

《搖滾青春戀習曲》(Sing Street)

《單身動物園》(The Lobster)

《愛在他鄉》(Brooklyn)

《愛是曾經》(Once)

《P.S.我愛你》(P.S. I Love You)

行李打包

行李該帶些什麼？出發前別忘了再次Check行李清單。

建議準備三種包包
Packing

登機箱 / 登山包

自助旅行時，攜帶登機箱對肩膀負擔比較小，但是在人行道崎嶇的歐洲老城街道上，背登山包會比較好行動。

近年歐洲線的廉價航空幾乎都已修改行李費用，使用座位上方的行李架也需要付費；另外，可以帶上飛機的行李箱規格一般都比亞洲規格小，且登機行李、託運行李也都有價差。購買機票時一定要仔細確認行李規定。

記得先把海關檢查時需要用到的機票、訂房、保險紀錄文件放在隨身行李中，以便入境查驗。

隱藏式腰包

貼緊腰部可以隨時感覺現金和證件在不在身上的便利物品。

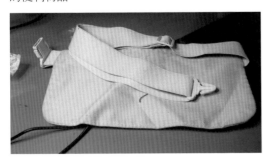

有拉鍊包包

輕便為主，一定要有拉鍊的包包，並讓包包隨時保持在視線範圍內。邊走邊使用3C物品很容易會讓你成為被下手的目標，置於包包的鏈袋中會比較安全。

貼心 小提醒

海關管制物品須知

禁止攜帶上機物品：刀劍槍砲、毒品、生鮮食品、易燃物等違禁品，超過100ml的液體。小瓶保養品、洗髮精等可接受100ml以下容器，總計1000ml以下的容量，並且全部裝30×30公分以下的透明密封袋中，超過就只能丟棄到內容物符合規定為止。

▲ 都柏林機場提供的標準尺寸透明鏈袋

衣物準備提醒
Packing

7～8月：短袖搭配薄外套

其他月分請帶秋冬的衣物，除非非常怕熱，否則全年都不建議穿短褲。愛爾蘭飄雨的日子多、但大雨少，攜帶防風、防雨外套會比撐傘方便。另外，愛爾蘭緯度高陽光刺眼，一定要準備墨鏡。

貼心 小提醒

攜帶衣物小提醒

如果到當地才發覺帶錯衣服，可以到平價百貨Penneys補貨(請參考購物篇P.88)。

行李清單

愛爾蘭打工度假看這裡

愛爾蘭的英語語言學校學費相對英美便宜，有許多人會選擇前往學習英語。自2013年起則多了另一個選擇：打工度假(Working Holiday)，是許多想前往歐洲、因語言問題無法前往德奧等國，卻又搶不到英國WH資格的人的首選。打工度假可以合法地在當地找打工或正職賺錢，也可以輕鬆前往其他歐洲國家旅遊，勇於挑戰新環境的話不妨試試看。

申請基本條件：
- ☐ 18～30歲
- ☐ 持有中華民國護照
- ☐ 4,000歐元以上的財力證明
- ☐ 涵蓋停留期間的醫療險、意外險證明
- ☐ 未曾有過犯罪紀錄

停留時間：最長12個月
申請名額：每年400人
申請方式、說明，請參考以下網站：
　愛爾蘭移民歸化署：www.inis.gov.ie
　外交部青年打工度假專區：goo.gl/8rUHi5
FB社團：愛爾蘭打工度假交流分享區

證件、文件		
護照(正本)	機票資料	國際學生／青年證
護照相片(影本)	訂房、住宿資料	歐元現金
國際駕照與駕照正本	地圖、旅遊書	
保險資料影本	信用卡、提款卡	
衣物、日用品		
換洗衣物	外套	帽子
太陽眼鏡	圍巾、手套	水瓶
生理用品	隱形眼鏡及藥水	防曬乳
盥洗用具(必備)	行李鎖	暖暖包
旅行用品		
相機、充電器、電池	記憶卡	手機、充電器、電池
轉接頭(英規T字型)	雨傘	筆電、充電器
文具	隱藏式腰包	
藥品		
暈車藥	感冒藥	胃藥、瀉藥
個人藥品	外傷藥	OK繃

行前準備

金錢

提款機 / ATM
存錢 / Deposit
領錢 / Withdraw
密碼 / PIN code
確認餘額 / Confirm the amount
銀行 / Bank
匯兌所 / Currency exchange
匯率 / Exchange rate
手續費 / Fee
貨幣 / Currency
面值 / Denomination
鈔票 / Bank note
旅行支票 / Traveler's check
歐元 / Euro
歐分 / Cent

通訊

公共電話 / Payphone
國際電話卡 /
　　International telephone card
預付卡 / Prepaid card
儲值 / Top up
郵局 / Post office
明信片 / Post card
信封 / Envelope
包裹 / Package
運費 / Postage
郵票 / Stamp
紙箱 / Packaging box
海運 / Surface
空運 / Airmail

購物

紀念品 / Souvenir
促銷 / Sales
折扣 / Discount
尺寸 / Size
顏色 / Color
款式 / Style
退稅 / Tax refund
折價券 / Coupon
買1送1 / Get 2 for 1
買2送1 / Get 3 for 2
第2件半價 / Buy 1 get 1 half price
即期品 / Reduced
賣酒的店 / Off licence

交通

入境 / Arrival
出境 / Departure
轉機 / Transfer
登機證 / Boarding pass
國際航線 / International flight
國內航線 / Domestic flight
報到 / Check-in
登機 / Boarding
海關 / Custom
託運行李 / Luggage / check-in bag
登機行李 / Carry on / cabin bag
航站 / Terminal
免稅商店 / Duty Free
頭等艙 / First class
商務艙 / Business class
經濟艙 / Economy class
單程票 / Single
來回票 / Return
當天來回票 / day return
廉價航空 / LCC / low cost carrier
直飛航班 / Direct flight
出發時間 / Departure time
抵達時間 / Arrival time
成人票 / Adult
老人票 / Senior
學生票 / Student
兒童票 / Child
加油站 / Petrol station
汽油 / Petrol
油箱 / Tank
無鉛汽油 / Unlead
柴油 / Diesel
收費道路 / Toll
高速公路 / Motorway
爆胎 / Flat tire

緊急應變

警察 / Garda
事故 / Accident
扒手 / Pickpocket
強盜 / Robber
小偷 / Thief
掛號就醫 / Make an appointment
醫院 / Hosipital
救護車 / Ambulance
診所 / Clinic
牙醫 / Dental clinic
急診室 / Emergency room
處方籤 / Prescription
藥局 / Pharmacy
體溫 / Body temperature
血壓 / Blood pressure
脈搏 / Pulse
過敏 / Allergies
嘔吐 / Vomit
頭昏 / Dizzy
發炎 / Infcction
痛 / Pain
咳嗽 / Cought
痰 / Sputum
流鼻水 / Runny nose
鼻塞 / Nasal congestion
感冒 / Cold
頭痛 / Headache
腹瀉 / Diarrhea
止痛藥 / Pain reliever
退燒藥 / Fever reducer
OK繃 / Plaster

機場篇
Airport

了解愛爾蘭的國際機場

雖然出入境愛爾蘭都不用填寫資料卡，快速便利，搭乘公車就可以快速抵達市區。

不過有哪些小細節要注意的呢？

如何前往愛爾蘭

有哪些交通工具可以抵達愛爾蘭呢？

愛爾蘭為一個獨立的島嶼，交通方便，可以搭飛機或坐船抵達，歐洲廉航眾多的關係，搭飛機是個較佳的選擇。如果想要開自己的車環歐、帶自己的自行車前往，可以選擇搭船。

搭飛機

By Airplane

航線比較

台灣沒有直飛愛爾蘭的航班，該如何轉機才能到達愛爾蘭呢？以下簡介幾種常見方式：

轉機次數	轉機城市
轉機1次	桃園→倫敦／巴黎／阿姆斯特丹／維也納／法蘭克福→都柏林
轉機1次	桃園→倫敦→貝爾法斯特
轉機1次	桃園→香港→都柏林
轉機2~4次	桃園→香港／曼谷／杜拜／杜哈→歐洲城市→都柏林

※ 多段式購買廉航機票、轉機越多次越便宜，但是有時間成本，比較適合想多玩幾國的背包客。
※ 桃園→香港→都柏林這條航線，在淡季時相當便宜。

愛爾蘭島上的國際機場

都柏林位置優良，驅車前往其他城市時程最長4小時，客運費用和班次都比搭乘飛機穩定，且

歐洲往來愛爾蘭的航線多使用都柏林機場，如果沒有特殊目的（如只想玩北愛，就可以直飛貝爾法斯特），購買機票時目的地只查看都柏林機場即可。

位置	機場名
東部	都柏林機場(Dublin Airport)
北部	貝爾法斯特機場(Belfast International Airport)
中部	香農機場(Shannon Airport)
南部	科克機場(Cork Airport)

便宜機票

廉價航空：歐洲各城市到都柏林的廉價航班眾多，最便宜只需要10歐元，但是廉航規定千奇百怪，買票前務必做好功課，如：行李限制、登機方式、電子登機證是否只有歐盟人能用……等，如果沒有確認清楚，之後補款都會比搭乘一般航空昂貴數倍，千萬不要忘記上官網確認規定，以免省小錢賠大錢。

一般航空：由於歐洲航空競爭激烈，一般航空公司通常都有早鳥票或是促銷票(low fare)，可以用接近廉航的價格搭乘一般航空。可以多比價，不過羊毛出在羊身上，購買低價票時，還是要閱讀一下注意事項，例如行李是否需要加購。

列印登機證

現在大多數的公司都在推廣自助登機,先列印好登機證,到機場時就可以自助掛行李、自行通關。傳統航空公司仍會有櫃檯服務,搭乘廉航則要注意相關花招,例如瑞安航空(Ryanair),除了一定要自行列印登機證(見下圖)、非歐盟人還必須先去瑞安的人工櫃檯檢查護照蓋章,免費列印登機證的時間是起飛前48〜4小時,early check-in或late check-in都要另外付費。總之買機票時一定要記得認真閱讀所有說明。

搭船
By Ferry

從英國西部、法國北部港口前往愛爾蘭南部Rosslare或東部的Dublin郊區的Dún Laoghaire港口;距離最近的航線是蘇格蘭到北愛貝爾法斯特。票價約40〜200歐,有時候也有10歐促銷票。
優點:適合有帶自行車、開自己的車環歐者
缺點:航程需要一天,相當耗時

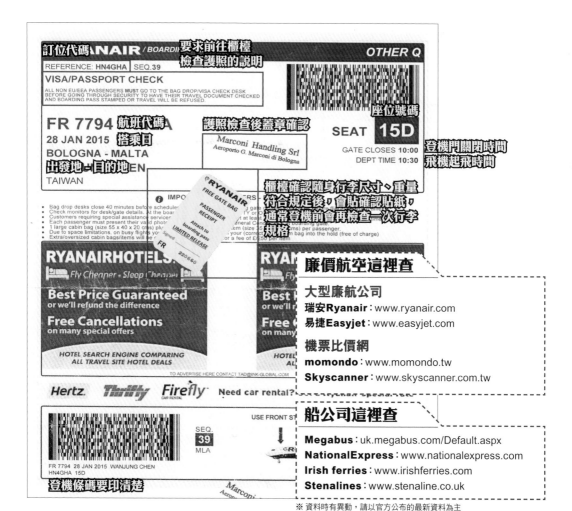

廉價航空這裡查

大型廉航公司
瑞安Ryanair: www.ryanair.com
易捷Easyjet: www.easyjet.com

機票比價網
momondo: www.momondo.tw
Skyscanner: www.skyscanner.com.tw

船公司這裡查

Megabus: uk.megabus.com/Default.aspx
NationalExpress: www.nationalexpress.com
Irish ferries: www.irishferries.com
Stenalines: www.stenaline.co.uk

※ 資料時有異動,請以官方公布的最新資料為主

認識都柏林國際機場

認識機場的設計、出入境步驟。

都柏林國際機場(Dublin Airport)位於愛爾蘭首都都柏林，距離市中心開車車程僅需15分鐘，交通便利。第一眼見到機場會覺得它很樸實，但是年客流量2,300萬人的都柏林機場，從凌晨到深夜都充滿了旅客。機場有兩個航廈，大約有50間航空公司的航班，廉價航空與中小型航空公司位於第一航廈、愛爾蘭航空與大型航空公司位於第二航廈。客流量最大的是冠上國名但已轉為民營的愛爾蘭航空(Aer Lingus)，和歐洲最大的廉價航空公司瑞安航空(Ryanair)，往來歐洲各地相當便利。

善用機場設施
Airport Facilities

> **貼心 小提醒**
>
> **機場過夜頗為舒適**
>
> 免費Wi-Fi穩定、過安檢後座位區有躺椅、充電座多，整體舒適度中上。

▲遊客服務櫃檯，可買車票、租車、詢問資訊

▲匯兌所與ATM

▲飲水機都在廁所門口，安檢前後區域都找得到

▲付費上網電腦、列表機

▲付費秤重機，位於門口或手扶梯旁醒目處

▲免費秤重機，位於廁所旁或靠牆角落處

▲自助郵局，可寄信、寄包裹、買郵票

▲付費充電座，免費的要過安檢才有

入境愛爾蘭步驟

Arrival

Step 1 跟著指標走

▲ 第一航廈的路標指示

Step 2 護照查驗

前往「All passengers」的櫃台，愛爾蘭不用填寫入境單、不用壓手印或照相，出示護照即可，海關人員會問一些簡單的問題，如：來愛爾蘭做什麼、住在哪裡、什麼時候離境……等。若海關人員有要求其他住宿等證明文件再交出。

Step 3 領取行李

過海關後，沿著指標前往行李提領區，透過電子看板可查看行李轉盤對應的航班，領取行李後即可離開。

▲ 行李轉盤指示

▲ 行李轉盤

Step 4 離開機場，前往目的地

離境愛爾蘭步驟
Departure

Step 1 確認航廈

第一、二航廈之間走路約5分鐘，沒有交通車。兩航廈共用一個客運站（客運站範圍很大，包含計程車招呼站、停車場都在一起），下車後再步行前往正確的航廈。在室內通道、戶外人行道上都有明確的指示，跟著路標走即可。

Step 2 辦理登機與掛行李

如果不用託運行李，請先在網路上確認好航空公司是否有規定仍然要前往櫃檯辦理登機（尤其是搭乘廉航的乘客）。

Step 3 安全檢查

愛爾蘭安檢嚴格度普通，通關速度算快，入口處有電子看板顯示通過安檢大約需要的時間，可以參考。

Step 4 辦理退稅

請參考購物篇P.90。

Step 5 查看登機門資訊

航班登機門通常在登機前30分鐘才公告，如果搭乘廉航通常會在最偏僻的登機門登機，候機區域不小，從安檢口走到最遠的登機門大約需要20分鐘，等待資訊更新時，一定要停留在電子資訊看板前，一更新就馬上前往登機口，以免錯過航班。

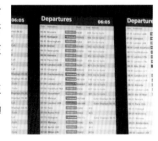

Step 6 準備登機

盡速前往登機門準備登機。通常手提行李還會被檢查一次是否符合規定。

如何從機場往返都柏林市區

利用各種交通工具前往市區的方式。

目前沒有鐵路或電車可以到達都柏林機場。機場大廳不大,不管是第一航廈、第二航廈,走出大門口就可以看見公車、機場接駁車、計程車候車處。乘車處位於兩個航廈的正中央,從第一或第二航廈的正門出去可步行到達。市區公車、前往其他城市的客運也都在這裡搭乘,可在都柏林機場官網上先確認候車車道(zone)。

http pse.is/LFUJH

貼心 小提醒

從都柏林機場直達其他城市

如果不想去都柏林市區,客運公司也有從機場直達其他城市的車(也會經過都柏林市區載客),可以直接在候車亭搭車前往,客運公司請參考交通篇P.48。

▲ 走出機場可以看到Zone1與Zone2候車區的Airlink與aircoach,都是前往都柏林市區

▲ 機場接駁車Airlink　　　▲ 客運Aircoach

▲ 依照路標指示,前往候車區域(Zone)

機場交通分析

交通工具	票價、購票方式	候車區	主要乘車處	班次
公車 Bus	■上車購票：現金3.3歐(不找零) ■Leap Card2.5歐 ■候車區有購票機可刷卡或現金購票，可找零	Zone15	■O'Connell Street (city centre) ■Trinity college ■Temple bar	16路、41路公車 06:20～23:30 每20～60分一班
客運Aircoach 都柏林市區線	■上車購票：現金單程7歐，來回12歐(可找零) ■網路預約便宜1歐 ■不可使用Leap card	Zone1	■O'Connell Street (city centre) ■Trinity college	23:55～03:25 每30分一班 其他時間每15分一班
機場接駁車 **Airlink Express**	■上車購票：現金單程7歐，來回12歐 ■Leap card票價同上 ■網路預約便宜1歐	Zone2	兩種路線，747路與757路，站牌都設在市區的大標的前面，停的站點不同；都有停Temple bar	04:45～00:30， 每15～30分一班

※資料時有異動，請以官方公布的最新資料為主。
※交通服務櫃檯：第一航廈位於入境樓層的 Bus and Travel Information Desk，週一～六 08:00 ～ 21:30，週日 09:00 ～ 17:30 營業；第二航廈位於便利商店 WHSmith、Spar(只能買 Leap card、儲值)。
※aircoach 是客運，很多 Zone 都有車，Zone2 前往都柏林市區，其他候車區的車是前往其他城市
※所有的客運公司都有官網、APP，可事先上網購票，出示電子票即可乘車。**請注意：**每家客運公司上車驗票的步驟不同，買票時請仔細閱讀驗票說明。

網路購買客運票步驟 Step by Step

以Aircoach為例：

Step 1 ▶ 選擇目的地

Step 2 ▶ 選擇日期與車票張數

選擇起點
選擇目的地
票券類型：單程／來回

確認起點
確認目的地
單程票或來回票
出發搭乘日期
折扣碼
成人票數
5-12歲兒童票數
總金額
預訂

Step 3 確認訂購內容，輸入訂購人資料

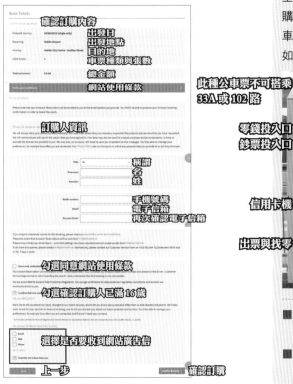

確認訂購內容
- 出發日
- 出發地點
- 目的地
- 車票種類與張數
- 總金額
- 網站使用條款

訂購人資訊
- 稱謂
- 名
- 姓
- 手機號碼
- 電子信箱
- 再次確認電子信箱

- 勾選同意網站使用條款
- 勾選確認訂購人已滿16歲
- 選擇是否要收到網站廣告信

上一步　　確認訂購

Step 4 信用卡付款

付款成功後，請到信箱確認信件內容，按照預定指示乘車。

付款金額
輸入信用卡資料
確認訂購

行家祕技　機場候車處唯一一台公車售票機

因為大多數人都會在車上購票，這可能是全愛爾蘭唯一一台公車售票機。可透過這台購票機購買Travel 90公車票(90分鐘內市區公車無限轉乘)，機器會找零，也可刷信用卡，如果抵達愛爾蘭時沒有零錢、也沒有在網路上先買好客運票、人工售票處又沒有營業時，這台機器是非常好用的。學生票、兒童票則等到取得零錢後，上車再購買。

- 此種公車票不可搭乘33A或102路
- 零錢投入口
- 鈔票投入口
- 操作螢幕
- Tickets
- 信用卡機
- 出票與找零
- Dublin Bus
- Travel 90

■**購票機位置**：前往候車區找到Zone15，機器放在公車亭內。

■**票種說明**：首頁只有2種選項，一是成人單程票(Single Journey Ticket)，3.3歐。一是市區2日觀光巴士優惠套票(City Tour Hop on Hop off)，機場特惠價20歐(比原價便宜6歐，比網路購票便宜1.6歐)。

■**使用方式**：上車後，司機旁邊或門旁邊的機器都可以刷票卡。這張票是單一價格，所以不用告知司機目的地，到站時直接下車，不用刷卡、不用繳回。

※都柏林的公車是以範圍計價，3.3歐是最貴票價，此票雖可用於任何公車(33A路、102路、客運除外)，但是市區內的交通距離都沒有這麼遠，建議只買1張從機場坐到市區就好。

交通篇
Transportation

遊走愛爾蘭，該用什麼交通工具？

愛爾蘭交通方式單純、發展完善，各種交通工具都安全且準時，

但是必須注意時刻表通常需要在網路上或車站先行確認好，以防候車處沒有明顯指示。

本篇介紹各種交通工具搭乘時的細節。

攝影 / Ginny Peng

愛爾蘭境內交通工具

火車、客運四通八達，暢遊境內。

火車

Train

愛爾蘭的火車系統有3種，愛爾蘭鐵路（Irish Rail）、北愛鐵路（NI Railways Translink）、郊區火車（DART）。愛爾蘭鐵路火車的票價少有變化，網路提早購買或購買遠程車票都會有折扣，車廂雖較客運舒適度，但車站數量較少、票價也較為昂貴。遊客比較有機會坐到火車時，是去都柏林郊區海邊的時候。北愛鐵路屬於英國北愛爾蘭，和愛爾蘭鐵路的營運、購票系統是分開的，不過鐵路和車站則共用。

使用Leap Card可以搭乘DART，但愛爾蘭鐵路火車則僅提供部分短程路段可使用。車站的售票櫃檯和售票機都可以買到Leap Card（詳見P.51）。

▲ 康納利車站

▲ 郊區火車標誌

Iarnród Éireann
Irish Rail

▲ 愛爾蘭鐵路標誌

▲ DART車票樣式

▲ 愛爾蘭鐵路車票樣式

愛爾蘭火車系統

交通工具	簡介	分級	購票方式	Wi-Fi	網址
DART	都柏林市中心－郊區火車	一般車廂	1.現場購票 2.使用交通卡leap card刷卡進站	無	
Irish Rail (Iarnrod Eireann)	愛爾蘭鐵路	商務車廂 一般車廂	1.現場購票 2.網路購票	有	www.irishrail.ie
NI Railways – Translink	北愛鐵路	商務車廂 一般車廂	1.現場購票 2.網路購票	有	www.translink.co.uk

※ 資料時有異動，請以官方公布的最新資料為主

交通篇

現金購票步驟 Step by Step

Step 1 選擇「Train Tickets」

- Buy, Top-Up or add Leap Card products
  購買、儲值 Leap Card
- Train Tickets
  購買火車票
- Collect pre booked Tickets
  領取預購票

All payment types available

Step 2 選擇目的地

出發地	目的地	票種	票價	購買
Connolly	Lansdowne Road	Adult Day Return	€ 3.85	Select & Buy
Connolly	Dun Laoghaire	Adult Day Return	€ 6.00	Select & Buy
Connolly	Belfast Central	Adult Open Return	€ 40.00	Select & Buy
Connolly	Belfast Central	Adult Open Return	€ 55.00	Select & Buy
Connolly	Sligo	Adult	€ 53.65	Select & Buy

當日來回票
來回票
回程未劃位

Other Destination Zone Based
其他目的地

...ove, press the first letter of the station you are travell...in the ...one Based Tickets tab to buy a Zone Ticket.

A B C D E G H
K L M N P R
S T W

Step 3 選擇付款方式

看到此畫面請直接使用信用卡或現金付款（信用卡僅接受可使用PIN碼的卡片）。

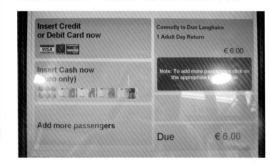

Insert Credit or Debit Card now
VISA

Insert Cash now (Euro only)

Add more passengers

Connolly to Dun Laoghaire
1 Adult Day Return
€ 6.00

Note: To add more passengers click on the appropriate b... ...ow

Due € 6.00

Step 4 自取票口取票

Ticéad Tickets

投幣口
信用卡機

leap card 放置處

鈔票口

取票口、找零處

國內轉乘查詢網站

http www.transportforireland.ie
http www.getthere.ie
http www.Rome2rio.com

也有APP版，可查詢國內所有合法業者(公車、客運、火車、船、計程車)的時刻表、轉乘方式和運行實況，也可以規畫自行車路線。

※ 資料時有異動，請以官方公布的最新資料為主

網路購票步驟 Step by Step

 Step 1　註冊會員

Fares & Tickets		Timetables

Home › Register

有「＊」必填

Personal Details

Title *	**稱呼**	Mr
First name *	**名字**	
Last name *	**姓氏**	
Email *	**Email**	
Password *	**密碼設定**	
Retype Password *	**再次鍵入密碼**	
		Too Weak　Pass
Address 1 *	**地址**	
Address 2		
Town/City *	**城市**	
Postcode	**郵遞區號**	
Country *	**國家**	Ireland
County		Select
Contact Number *	**聯絡電話**	

Security

Secret Question *	**選擇問題**	Select
Secret Answer *	**個人答案**	

 Step 2　輸入起點與目的地

Fares & Tickets		Timetables	Travel Information

Find times & buy tickets

起點　單程　**前往日期**　**前往時間**
From　Single ○　Outward Date 05/03/2015　Outward Time All Day

終點　來回　**返回日期**　**返回時間**
To　Return ○

► Go

Live Departures

貼心 小提醒

留意市中心內的火車停靠站

DART類似通勤電車，愛爾蘭鐵路則是長途火車，在都柏林市中心內的火車站並沒有全部串連，所以購票與搭乘時，要特別注意該車站能不能連通欲搭乘的班車。

 Step 3　選擇班次

Outward Journey　**選擇班次**　Return Journey
From **Dublin** to **Galway (Ceannt)**　From **Galway (Ceannt)** to **Dublin**
Date **Thursday, 5 March 2015**　Date **Thursday, 5 March 2015**

Choose your ticket
All tickets include reserved seating where available

Standard Class ●	First Class ○	Adult	1 @ €30.10	Total Fare　**€39.10**
		Child	Select	
		Railcard/Taxsaver Loyalty	Select	**購票** Buy Ticket
		Student	Select	
		Reserve Seat Only	Select	

 Step 4　付款、選擇取票車站

Step 4

How would you like to pay? **付款方式**

☐ Coming Soon I would like to pay by PayPal　What is PayPal?

◉ I would like to pay by credit / debit card

Choose Card Type *	Choose Card Type	**信用卡類別**
Card Number *		**卡片號碼**
Expiry Date *	1　2015	**到期日**
CVV Number *	If present on card	**安全碼**

Delivery Method　**取票車站**
Collect ◉ Select Station　**（請選擇出發車站較方便）**

Review Your Journey Details ☐　**訂購內容預覽**

Your Journey		Seats Reserved Outward
Outward	Wednesday, 11th May 2016	Dublin Connolly to Belfast Central
Departing	Dublin Connolly at 07:35	WU CHEN Coach N/A Seat N/A
Arriving	Belfast Central at 09:45	

Promotional Code

Enter Code

► Check Code

Ticket Price
Promo Discount
Total Charge

☐ I accept [amrid Éireann Terms & Conditions]

同意愛爾蘭鐵路公司條款（請打勾）

下一步 ► Continue

 Step 5　前往指定車站，到窗口或售票機取票

搭乘火車步驟 Step by Step

 Step **1** 購買火車票

 Step **2** 確認月台

終點站
出發時間/月台
預計停靠車站

車班延誤狀況

 豆知識

紀念獨立運動的改名車站

都柏林市中心的三大車站Pearse、Connolly、Heuston，都是為了紀念Easter Rising獨立運動的重要人物而改名的。在愛爾蘭有很多重要的地點，都有以此為紀念的改名。

 Step **3** 使用車票進站

只有客流量較大的火車站才有自動閘門，多數火車站會是站務員站在門口查票，確認票券無誤才會讓乘客進入月台。

請注意 下方圖中使用Leap Card搭乘，Leap Card僅能搭乘愛爾蘭鐵路部分短程路段與DART。

 Step **4** 前往月台候車

現在時間　　　月台編號
出發時間　終點站
班次運行狀況

客運

Bus

所有客運都可以在網路和車上購票。各家客運網路購票的折扣大多只有1歐，考慮到機動性，非連假期間會建議直接在車上以現金購票（可以找零）。幾乎每家客運都有往來都柏林機場，下飛機後直接去其他城市也很方便。

愛爾蘭客運（Bus Eireann）在2019年系統大更新之後，驗票變得比較嚴格，司機會問得很仔細並打出正確的票券。其他客運公司的司機無論賣票或驗票都比較隨興。

行家祕技　愛爾蘭客運的全國通票

遊客觀光通票（Tourist Travel Pass）概念等同歐洲火車通票，由愛爾蘭路線最多的愛爾蘭客運公司發行，僅可乘坐愛爾蘭客運的車，機場線、城市線、地方線，也可以來回貝爾法斯特；只能乘車，不可參加愛爾蘭客運販售的一日遊行程。

種類依使用日期長短分有3日票～15日票共13種，價格60歐起。網路、愛爾蘭客運車站都有販售。

http www.buseireann.ie/inner.php?id=352

貼心 小提醒

向司機購票

告知司機目的地、購買單程或來回票，若有學生證可以購買學生票；16歲以下為兒童票。

搭乘客運注意事項

票價比較：來回票比二張單程票便宜；網路購票比現場購票便宜。

都柏林沒有客運總站：就算是同一家公司，並非所有車的起點站都相同，網路上都會標明搭車地點，務必先行查好。

回程車票請事先劃位：售票機、人工售票所購得的回程車票都沒有劃位，若回程時間為尖峰時刻（如：星期五下午），請記得先行到窗口劃位，或是提早到候車處補位。

有免費Wi-Fi可使用：絕大多數客運有訊號良好的免費Wi-Fi可以使用。

▲Bus Eireann客運站，在都柏林各家客運有自己的據點

▲實體車票

都柏林出發，常用客運公司與目的地一覽

客運公司　　目的地	高威 Galway	科克 Cork	貝爾法斯特 Belfast	利默里克 Limerick	網址
Bus Eireann	v	v	v	v	www.buseireann.ie
citylink	v	v			www.citylink.ie
gobus	v	v			www.gobus.ie
aircoach	v	v	v	v	www.aircoach.ie
Dublin coach				v	www.dublincoach.ie
Translink			v		www.translink.co.uk
行車時間	2.5小時	2小時	3.5小時	3小時	

※ 資料時有異動，請以官方公布的最新資料為主

網路購票步驟 Step by Step ── 以愛爾蘭客運為例：www.buseireann.ie

交通篇

Step 1 　輸入起點、目的地、搭乘時間

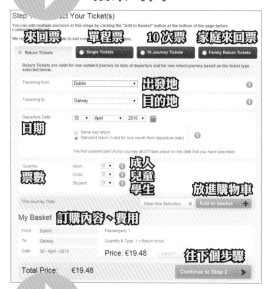

來回票 **單程票** **10次票** **家庭來回票**

出發地
目的地

日期

成人
兒童
學生
票數

放進購物車

訂購內容、費用

往下個步驟

Step 2 　輸入姓名

名字 **姓氏**

往下個步驟

Step 3 　確認訂購內容

確認訂購內容

總費用

繼續購票 **前往付款**

Step 4 　信用卡付款

付款後存下或列印電子車票，上車時讓司機查票。

信用卡系統 **地址**
信用卡號碼
卡片到期日 **城市**
安全密碼 **國家**
稱謂 **電子信箱**
持卡人名字 **確認電子信箱**
持卡人

確認並付款

Step 5 　E-mail截圖或列印

將E-mail中的電子票截圖或列印下備查。上車時請出示預定編號（Mac Numbers）給司機，司機會列印出感熱紙車票。

起點
目的地
搭乘日
預訂編號
票種

▲ 愛爾蘭客運電子票

現場購票步驟 Step by Step ——————— 以愛爾蘭客運為例

Step 1 輸入目的地

畫面下方有常用城市快速鍵，若想去小鄉鎮則自行輸入地名。

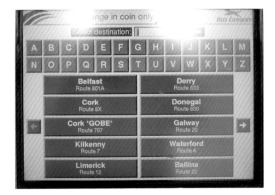

Step 3 選擇數量

Step 4 確認付款

確認訂購內容並付款，出現此畫面即可投現或插入信用卡。

Step 2 選擇日期、票種

來回票有「Day Return當天來回票」「Return來回票（回程無劃位）」二種，遠程車的「Day Return」會比較便宜，但是遊客常去的城市這兩種票價通常是一樣的；所以請盡量選購「Return」，比較沒有日期限制。

Step 5 取票

售票機找零只會找硬幣，購票時請投面額較小的鈔票。

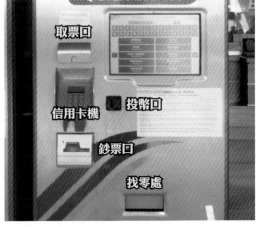

都柏林市區與近郊交通工具

公車、路面電車、近郊火車、計程車、觀光巴士。

都柏林市郊面積不大，交通方式單純：有公車、路面電車、近郊火車、計程車、腳踏車、觀光巴士可選擇。使用交通卡Leap Card可搭乘所有交通工具並有搭乘優惠。

都柏林交通卡 Leap Card

Leap Card

都柏林交通卡，類似台灣的悠遊卡，押金5歐，儲值（top-up）金額（至少5歐）後即可開始使用，可以小額消費、搭乘都柏林市區及近郊各種交通工具。可使用範圍：Short hop zone都柏林市區與近郊區域、愛爾蘭客運全國路線。

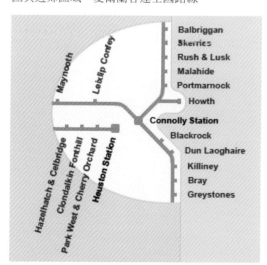

▲ Short hop zone**都柏林市區與近郊區域**

一般 Leap Card 自動節省功能

使用Leap Card搭乘各種交通工具會較現金購票便宜一些；90分內轉乘折扣每趟只要1歐；Leap card設有自動節省功能(capping)，一日最多交通費如下：

	公車	LUAS	DART	兩種以上交通工具
每日最多扣款金額	7歐	7歐	9.5歐	10歐
每週最多扣款金額(註)	27.5歐	27.5歐	37歐	40歐

註：週一～日為一週，並非以開始使用日計算

※ 資料時有異動，請以官方公布的最新資料為主

Leap Visitor Card

可使用範圍和Leap Card相同，可無限搭乘公車、路面電車LUAS、近郊鐵路DART，並可搭乘機場市區快車「Airlink747」。卡片附可以搭乘的交通路線說明圖。

◀ Leap Card 標誌

◀ Leap Visitor Card 標誌

Leap Card、Leap Visitor Card 購票說明

	Leap Card	Leap Visitor Card
卡片價格	押金5歐	19.5歐
乘車費用	計次扣款	免費
使用期限	無限制	72小時
購卡	1.便利商店、雜貨店：門口貼有Leap Card標誌的店家 2.所有火車站的櫃檯或售票機 3.都柏林公車服務處：這裡也可以購買行程、處理卡片問題	1.機場第一航廈：旅遊服務櫃檯、超商WHSmith 2.機場第二航廈：超商SPAR
儲值	1.購卡地點都可以儲值 2.LUAS的售票機 3.門口貼有payzone的店家 4.Leap Card官網輸入卡號後就可以線上儲值	無須儲值
退卡	可，但僅退款至歐盟銀行帳戶	使用後即無法退卡
使用範圍	都柏林所有大眾交通工具、愛爾蘭客運城市市公車、多家長途客運，請確認官網www.leapcard.ie	1.Short hop zone都柏林市區與近郊區域的Dublin Bus、LUAS、DART 2.機場接駁車Airlink(747路、757路)

※ payzone 是愛爾蘭的公共事業繳費系統
※ 資料時有異動，請以官方公布的最新資料為主

Leap Card官網儲值步驟 Step by Step

Step 1 ▶ 選擇Top-up(儲值)

Step 2 ▶ 輸入卡號或登入

同一個畫面中，左側是直接輸入卡號儲值的欄位，右側則是先登入會員再儲值。

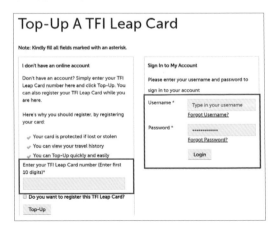

Step3 選擇儲值金額 (Travel Credit)

選擇儲值金額或購買各縣市公車回數票。並選擇獲取額度的地點。

請注意 須於48小時內到所選擇的地點去感應卡片，獲取額度後才算是正式加值完成。手機有NFC功能者，可選最後一個選項Leap Card APP感應，詳見Step 8。

Top-Up Travel Credit or Ticket

Note: Kindly fill all fields marked with an asterisk.

My TFI Leap Cards

TFI Leap Card Number 1004394759

Top-Up Travel Credit

Travel Credit (€)   5.00   **儲值**

Top-Up Ticket

Note: Ticket(s) to be added are valid for the selected operator(s) only. Travel Credit can be used on all operators

Transport Operator   Select Transport Operator

Travel Ticket   Select Travel Ticket   **購買回數票**

Description

點開獲取額度的下拉選單：

Load Location

Load Location*   Leap Top-Up App

Why must I select a load location?
Important Notes

Select Load Location

Select Load Location
Payzone 'Leap Card' Agent   **有Payzone服務的店家**
All Luas Stops - Any Ticket   **Luas車站的讀卡器**
DART / Commuter Rail - A...   **Dart車站的購票機或閘門**
Ashbourne Connect - On Bus
City Direct - On Bus Galway
Collins Coaches - On Bus
Express Bus - On Bus
Matthews Coaches - On Bus   **不同的客運車上**
Swords Express - On Bus
Wexford Bus - On Bus
CityLink - On Bus
Bernard Kavanagh - On Bus
PSOKK1 - On Bus
Martin Leydon Coaches - On Bus
Evobus and Coach - On Bus
Leap Top-Up App   **Leap Card的APP(NFC感應)**

Step4 確認購買內容與金額

Shopping Basket

| | My Basket | Price |

You can only collect 3 Top-Ups at a time on any one card (you have to go back a second time to get the next Top-Ups if you bought more than 3).

Top-Up TFI Leap Card   Each card will be loaded with: ✖
(Adult) 1004394759   Top-Up Travel Credit   Edit Remove   €5.00
                        Load location   Edit
                        (Leap Top-Up App)
                        ⊕ Add more tickets
                        Total   €5.00

Image(s) for illustrative purposes only.

Empty Basket

Norton
SECURED
powered by digicert

Total   €5.00

Step5 輸入訂購人資料

只接受歐盟地址，可輸入任意一家愛爾蘭商店的地址。

16:43 ⬛ 🔋 🔲   ⊙ ⊿ ▮ ▲ ◢ ▮ ▮
⌂ 🔒 s://www.leapcard.ie   ⋮

Contact Information

Note: Kindly fill all fields marked with an asterisk.

Your Details

First Name*

Last Name*

Date of Birth

e.g. dd/mm/yyyy

Email*

Confirm Email*

◀   ●   ■

16:43 ⬛ 🔋 🔲   ⊙ ⊿ ▮ ▲ ◢ ▮ ▮
Phone Number*

Your Billing Address

Address Line 1*

Address Line 2

Town*

County/State*

Postcode/Zip code/Eircode*

Country*

Ireland

Continue   Cancel

◀   ●   ■

Step 6　再次確認金額並付款

Order Details

Print Order

Top-Up for Adult TFI Leap Card 1004394759

Load location - Leap Top-Up App

Top-Up Travel Credit　　　　　　　　€ 5.00

Total　　　　　　　　　　　　　　　€ 5.00

Total　　　　　　€ 5.00

Print Order

Step 7　輸入信用卡資料

Paymi

Type:　　　　　Visa

Name on Card:

Card Number:

Card Expiry:　　Month　MM　　Year　YYYY

Security Code (CVV):　　　　What is CVV?

When you click Make Payment, your bank may send you to a 3D Secure verification page before your card will be debited. This protects your card from unauthorised payments and won't cost you anything.

Pay by Card　Cancel

Step 8　獲取額度

從官網儲值會有此步驟。必須在48小時內到Step 3中所選擇的地點去感應卡片，獲取額度後才算是正式加值完成，如果沒有獲取成功，款項會在15天後自動退回信用卡內。

● 在各交通工具的售票機，請選擇「查詢額度」來獲取額度；在有Payzone服務的商店櫃檯，請直接跟店員說要查詢額度（Check balance）。

● 如果手機有NFC功能，可使用Leap Card APP讀卡並加值，額度會直接儲值完成。

公車

Bus

路線多，為市中心主要交通工具，也可前往市郊。現金價格為1.95～3.6歐。

搭乘公車步驟 Step by Step

Step 1　上車前確認好目的地

都柏林站牌都有編號，很多小站站牌只有編號，沒有地名。即使是客流量大的候車站，公車路線圖也只有標示時刻表與大站站名；且不一定每一台公車都有語音或是電子看板報站名。最保險的作法是上車前先向路人確認方向正確，上車時請公車司機到站時提醒下車。

此站站牌編號

此站站名（上／愛爾蘭文、下／英文）

會停靠此站的公車編號

▲ 公車站牌解析

公車編號　　行駛路線　　無障礙車

抵達本站時間

▲ 電子公車站牌解析

Step 2 上車時告知司機目的地

現金購票：司機會列印車票並收取現金，不找零，但是多付時可以請司機列印退款票，憑票前往59 upper O'Connell Street公車服務處退款，由於只有公車服務處可以退款，程序並不方便，搭車請盡量備好零錢。

Leap Card刷卡：將卡片置於司機左手邊的平台上，交由司機扣款，扣款金額會顯示在機器螢幕上。

▲將Leap Card置於司機左邊的機器上，並告知司機目的地

▲候車亭內有路線公車的相關資訊

Step 3 下車前按鈴

貼心小提醒

搭乘公車注意事項

上車購票或刷Leap Card：除了機場外都柏林沒有公車票售票機，一律是上車購票或是使用Leap Card。下車不需再次刷卡。

票價請事先上網查詢：乘車金額是由司機手動按的，上下車刷卡不會自動計價，所以建議事先下載Dublin bus的APP，便於直接向司機出示搜尋的結果畫面，讓司機看到正確的金額。因為實測過多次，司機常因聽不懂外國人的口音又懶得問，會直接扣款最貴的金額，很虧。

短期搭乘請勿刷錯卡：上車後右手邊有一台感應器，通常為通勤者刷月票使用，一般乘客請勿使用該機器，會非常不划算。

注意不要刷錯機器：車門口右手邊的感應器，是刷定期票、固定金額票用的，例如Leap Visitor Card是無限搭乘的票，就可以用這台機器感應，直接上車。一般的Leap Card如果用這台機器，會以「自動節省功能(P.51)」的金額扣款，除非確定要用自動節省功能，否則務必找司機刷卡扣款。

Leap Visitor Card可自行過卡：於使用期間內，可使用感應器自行過卡上車。

提供免密碼Wi-Fi：都柏林公車上有訊號非常好的免密碼Wi-Fi，上車後可利用地圖APP確認自己是否接近目的地。

路面電車LUAS

Tram

LUAS是都柏林的輕軌系統，目前只有綠線（Green line）和紅線（Red line），兩條線沒有共同的車站，互不相通，依照距離遠近計價。紅線上有許多景點、火車站，是遊客會比較用得到的路線。所有的車站都有售票機、過卡機、路線圖和電子看板，輕軌上也有語音和電子看板會報出站名。用Leap Card可以最便宜的票價搭乘輕軌。

購票步驟 Step by Step

Step 1 選擇一般票 (Standard ticket)

Step 2 在路線圖上選擇目的地

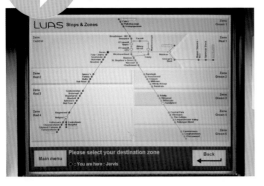

Step 3 選擇票種

Step 4 選擇付款方式

看到此畫面請直接使用信用卡或現金付款。

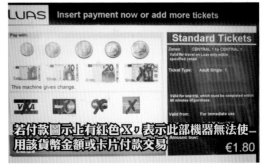

若付款圖示上有紅色X，表示此部機器無法使用該貨幣金額或卡片付款交易

Step 5 取票

單程票
出發地
目的地
使用期限
票券種類
搭乘限制
票價

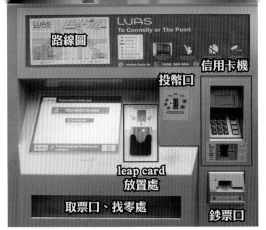

路線圖

信用卡機

投幣口

leap card
放置處

取票口、找零處

鈔票口

▲ 路面電車LUAS售票機解析

貼心 小提醒

搭乘LUAS注意事項

確認目的地再上車：雖然從購票機購買的紙票，兩條線都可以搭，但是持紙票上車後，搭了綠線的票之後就只能搭綠線，若改搭紅線需要再買一張票。所以使用紙票者，請勿在綠紅線之間轉乘，被抓到視同逃票。如果是用Leap Card刷卡乘車，轉乘時請記得上下車都要刷卡，也就是兩條線上下車都各刷一次卡，共刷4次，這樣才會被計算成最便宜的票價。如果只在最初起點和最終點刷卡，也可以進出車站，但這樣就會被計算成一日票的票價。

購票後2小時失效：車票上列印的時間為購買後2小時，過期無效，只能在購買後2小時內搭乘，只能搭乘車票上列印的車站範圍，不需打票，下車前請保留好車票以備查驗。

使用Leap Card搭乘：上下車皆須使用月台上的過卡機過卡，列車上少有過卡機，上車前切記先過卡，下車還需再過卡一次完成計程扣款的程序，否則下次搭乘另一個交通工具時，卡片將會自動計算LUAS最貴票價去扣款。

逃票罰金45歐起跳：忘記過卡、買錯票也照樣罰錢，切勿因小失大。

搭乘步驟 Step by Step

Step 1　**購票**

Step 2　**確認乘車方向**

路線方向看這裡
（終點站名）

Step 3　**持票或過卡上車**

現金購票持票上車，Leap Card在月台機器過卡後上車。

Step 4　**到站**

現金購票者可直接離開；Leap Card須在月台機器再次過卡。

租自行車
Bike Rental

都柏林公共腳踏車Dublin Bike

Dublin Bike都柏林市腳踏車站點多，使用方式與台灣的U-bike等公共腳踏車類似，建議使用方法為使用30分鐘內還車，等待5分鐘後再次借用，即可維持再次免費使用30分鐘。

機器背面有附近站點地圖

租借自行車費用

30分內	1小時	2小時	3小時	4小時	購買3日券
免費	0.5歐	1.5歐	3.5歐	6.5歐	5歐

※ 資料時有異動，請以官方公布的最新資料為主

腳踏車租借資訊看這裡

以日計價，若會整天使用則向私人公司租用較划算，但公司數量較少，而且都只能在同店家的營業時間內借、還車。

RENT-A-BIKE PHOENIX PARK
http www.phoenixparkbikehire.com
✉ 鳳凰公園正門口內
☎ 086 265 6258
💲 10歐／日

NEILL'S BIKE
http rentabikedublin.com
✉ Cows Lane,Dublin 2
　55 Aungier Street,Dublin 2
　2 Frenchman's Lane, Dublin 1
☎ 087 933 8312
💲 12.5歐／日

※ 資料時有異動，請以官方公布的最新資料為主

貼心 小提醒

租自行車注意事項

■ **先至官網確認租借狀態**：可於官網(www.dublinbikes.ie)確認站點、租借狀態與空車位情形。

■ **下載「Dublin bike」APP**：請於APP下載頁面搜尋「Dublin bike」。可確認站點、租借狀態與空車位情形。

■ **單次借用不可超過24小時**：否則會直接取消借用資格並從信用卡中扣款150歐。所有站點皆可借、還車。

■ **使用期限在收據上或上網查**：使用期限會列印於收據上，也可以在官網上查詢。

主畫面
信用卡插入口
收據出口

交通篇

租用自行車步驟 Step by Step

Step 1 購買3日使用資格

找到可以使用信用卡付款的機器，先購買3日使用資格（3 Day Ticket）獲得租用密碼，請妥善保留收據。建議站點：都柏林主街O'Connell Street與Prince Street交叉口，位於大型服飾店Penneys旁。

Step 2 按0開始

Step 3 選擇3日券使用者，輸入使用密碼

Step 4 進入主畫面，按1借車

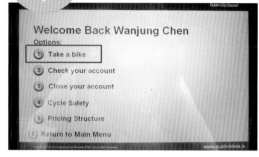

Step 5 選擇車號、取車

有30秒的時間可以到自行車旁按鍵解鎖取車。

Step 6 還車

將卡榫嵌回停車格，待嗶嗶兩聲、數字燈亮起綠色，代表還車成功。

觀光巴士
Tourbus

由都柏林市營運的觀光巴士，基本上都是用一張叫「DoDublin」的綠色卡片，卡片上會以小字註明不同的票種，如Day1、Day2等等。其中，最划算的票種是Hop on Hop off City tour，行經所有遊客常去的熱門景點，第一次到都柏林的人很適合，有24～72小時票可以選擇。進階版本還有包含公車3日票、機場接駁車（Airlink Express）、景點門票組合……等，都可以在官網上選購。

觀光巴士的班次很多，每15分鐘就有一台。車上可索取免費的路線地圖、拋棄式耳機，還可選擇中文語音解說。司機都很有個人特色，若遇到比較活潑的司機，通常會自行解說景點、推薦小吃，非常有趣。

購買地點

- **官網**：須事先把紙本收據列印下來，才可以在車上、景點換取實體卡片或門票。
- **車上**：只能購買基本觀光巴士卡。

搭乘方式

上車須刷卡，門的右邊有台機器，刷卡當下可以順道確認使用期限。每站都會停車，不必告訴司機你的目的地，到站直接下車即可。

觀光巴士 這裡查

DoDublin：dodublin.ie
SIGHTSEEING：citysightseeingdublin.ie
City Scape：cityscapetours.ie

※ 資料時有異動，請以官方公布的最新資料為主

計程車
Taxi

計程車的收費為全國統一，治安也很不錯，可放心搭乘。價格公定，可先在愛爾蘭交通網站（www.transportforireland.ie）上試算金額，再決定要不要叫車。

計程車的車體沒有固定顏色，但是車頂固定會裝上印有「TAXI」的燈箱，車身也會貼上「TAXI」或愛爾蘭文「tacsaí」的貼紙。叫車可以透過網路，也可以隨招隨停，計程車聯盟Lynk還有叫車APP可下載，其他計程車公司則需透過網頁或是電話申請叫車。

計程車費率表

時段	08:00～20:00	20:00～08:00 週日、國定假日
起跳價(500公尺)	€3.8	€4.2
額外乘客	第二人起，每多一位乘客加€1	
網路叫車費	€2	

※ 資料時有異動，請以官方公布的最新資料為主
※ 距離越遠單價越貴，若遇塞車，計費單位會變成60秒跳一次表，聖誕假期期間單價也會變貴

都柏林計程車資訊看這裡

網路、電話皆可叫車，可付現或刷卡(僅接受可使用PIN碼的信用卡)。

Lynk
http www.lynk.ie
☎ (01)473-1333

NRC Taxis
http www.nrc.ie
☎ (01)677-2222

VIP taxis
http www.viptaxis.ie
☎ (01)478-3333

※ 資料時有異動，請以官方公布的最新資料為主

租車

Car Rental

依需求選擇合適的租車公司,網路預訂常有折價。比價時請務必注意額外費用(如:自排車較貴、保險金額多寡所涵蓋的範圍、25歲以下駕駛加價、異地還車加價、入境北愛另外加價等)。

♥ 貼心 小提醒

租車自駕注意事項

租車手續與規定:駕駛人須備好國際駕照與台灣駕照正本,須年滿25歲,刷卡付款人與駕駛須為同一人。

現場檢查車況:領車時與辦事員確認好車況,拍照存證,確保自己的權益。

領車還車加滿油:油箱為領車、還車時,皆須滿油。

右駕駕駛:愛爾蘭為右駕。

GPS與地圖:GPS租金貴,若有智慧型手機,請購買SIM卡使用手機網路(詳情參考通訊篇)。遊客中心可以拿到愛爾蘭公路地圖。

購買保險:愛爾蘭公路路況良好,極少受到天氣影響,選擇基本車款、購買全險以防意外即可。如果會開車到北愛,請確認保險是否涵蓋到英國的範圍。

租車限制:如果是規定比較嚴格的大公司,檢查駕照時還會確認:不租車給23歲以下、74歲以上的駕駛、不租給剛考到駕照一年內的駕駛。

愛爾蘭沒有摩托車、電動機車的出租服務。

不熟悉手排車、右座駕駛車、靠左道路的時候稍微在租車公司附近練習一下再上路。不過通常愛爾蘭人看到是租的車子都還是會稍微讓一下,記得揮個手或閃個燈道謝。

路上觀察 愛爾蘭交通號誌

停

禁止停車

禁止右轉

禁止直行

停車處標誌

最高速限《公里》

行人專用道

禁止左轉

讓行主幹道行車

高速公路入口

直行

北愛爾蘭交通號誌

此路不通

禁止超車

禁止臨時停車

禁止車輛進入

最高速限《英哩》

注意對向來車

讓行對向來車

讓行主幹道行車

停車設施

Parking

立體停車場

立體停車場1小時2～4歐。都柏林市中心有許多立體停車場路標。

路邊停車 PAY&DISPLAY

路邊停車，需要先在各停車路口的機器自行購票，若被抓到沒有購買停車票，罰款為80歐。

PAY&DISPLAY路邊停車指示牌，標明收費時段，標明時段以外停車都不用錢，但是過夜若沒有在免費時段內將車移走，需先預購早上的停車時數，請確認各購票路口說明。

購買說明

停車標誌

投幣後，畫面會顯示金額與可以停車的時限

收費說明

確認 取消

投幣孔（不找零）

取票口

▲ PAY& DISPLAY停車票購買機器

購買停車票步驟 Step by Step

Step 1 投入零錢

大部分的機器都只能投現金，僅少部分有更新刷卡功能。購票時直接投入零錢，面板會顯示可以停車到什麼時間，一直投到面板上顯示的時間超過預定停留的時間後，按下OK就會印出停車票。

Step 2 停車票放在車窗處

務必將停車票放在車窗顯眼處以備查驗。

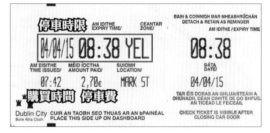

停車時限 AM IDITHE EXPIRY TIME / CEANTAR ZONE/   BAIN & COINNIGH MAR MHEABHRÚCHÁN DETACH & RETAIN AS REMINDER   AM IDITHE / EXPIRY TIME

04/04/15 08:38 YEL   08:38

AM EISITHE TIME ISSUED/ MÉID ÍOCTHA AMOUNT PAID/ SUIOMH LOCATION/   DÁTA DATE/

07:42   2,70€   MARK ST   04/04/15

購買時間 停車費

Dublin City Baile Átha Cliath   CUIR AN TAOBH SEO THUAS AR AN bPAINÉAL PLACE THIS SIDE UP ON DASHBOARD   TAR ÉIS DORAS AN GHLUAISTEÁIN A DHÚNADH, DÉAN CINNTE DE GO BHFUIL AN TICEAD LE FEICEÁIL CHECK TICKET IS VISIBLE AFTER CLOSING CAR DOOR

※ 資料時有異動，請以官方公布的最新資料為主

道路收費站步驟 Step by Step

Step 1 走人工收費道

接近收費站時路旁、道路上皆有指示。請走人工收費道,可找錢。

人工收費　　　　　　ETC

Step 2 依車型繳費

每個收費站的費用都不一樣,價格標示在窗口旁,請依照指示繳費,小客車為 Class 2。

LIMERICK TUNNEL TOLL RATES	
TYPE OF VEHICLE	
CLASS 1 Cycles 重機	€1.00
CLASS 2 小客車	€1.90
CLASS 3 客運與遊覽車	€3.40
CLASS 4 Goods Vehicles with a design 2噸以下小貨車	€3.40
CLASS 5 Goods Vehicles with a design gross vehicle weight exceeds 2～10噸貨車	€4.80
CLASS 6 Goods Vehicles with a design gross vehicle 10噸以上大貨車	€6.10

加油步驟 Step by Step

Step 1 柴油或汽油

依照加油口旁圖示指示,選擇柴油或汽油。

無鉛汽油

Step 2 直接加油

油表會直接歸零重新計價。

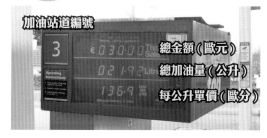

加油站道編號

總金額(歐元)
總加油量(公升)
每公升單價(歐分)

Step 3 付款

記下加油站道的編號,到加油站的商店付款。

貼心 小提醒

也有先插入信用卡才可加油的加油站,共通點都是自助。若不知如何使用,可詢問隔壁的使用者。

住宿篇
Accommodations

在愛爾蘭旅行，有哪些住宿選擇？

除了3月中旬的聖派翠克日前後住宿會特別難訂，

其他日子大約只要提早2週預約，甚至是到當地再問也沒有問題。

當然提早預訂安心又省荷包，來看看愛爾蘭有哪些住宿設施可以選擇吧！

住宿種類

開始訂房前，先認識房型、基本價位。

住宿設施的分級方面有自己的五星系統，但和國際星等標準分級大致類似，有星級標示都是合法並經觀光局認證過的住宿設施，可以安心入住。不管是飯店、民宿、青年旅館，只要是合法登記的，都會被分類星級。通常星級標示會掛在門牌號碼附近，有些介面設計較周到的訂房網站也會標示住宿設施的星級。

城堡、莊園
Castle、Estate

▲ 整體環境比較像城堡的城堡通常不開車到不了(攝影/謝宜璇)

💲 雙人房90歐～包下整棟城堡6,000歐

愛爾蘭是個古老的國家，有許多荒廢沒落的城堡和莊園經過時間的流轉，在現代修復並做為高級旅館營業，有大企業做整體經營規畫的城堡、也有家族擁有的小城堡自住兼民宿營業。城堡為蓋爾式，接近英式風格，從基本款到豪華建築都有；外觀通常較樸實，與中歐的童話風格城堡風格迥異。

在愛爾蘭選擇高級住宿常被推薦住城堡和莊園的原因，其中一個是價格相較其他旅遊大國便宜、性價比較高的關係。不過也有些新飯店會蓋得像城堡、裝潢華麗，如果想住到真正的城堡，訂房前建議先用維基百科查一下建築物歷史。

最有名的兩間五星級城堡飯店是Dromoland Castle和Ashford Castle，本書中提到的基拉尼城堡（Kilkenny Castle）可以住後花園的管家房，這幾間都是中世紀保留下來的建築。

行家祕技 城堡與莊園訂房技巧

城堡與莊園較不打價格戰，多依自己營業狀況做淡旺季價格調整，通常只能在官網訂房，所以訂房網站上較難找到。先搜尋愛爾蘭後，在房屋選項中選擇城堡，過濾搜尋結果，也可在進階搜尋勾選「城堡飯店」選項。

Celtic castles：www.celticcastles.com/castle-search/list/ireland

Airbnb：www.airbnb.com

Tripadvisor：www.tripadvisor.com

飯店
Hotel

💲 雙人房40歐起

　　提供較完善的設施，住宿含早餐，飯店內有餐廳，行李寄放與客房服務、有隱私空間和舒適的公共區域，從基本的商務旅館到五星級連鎖飯店，城市到鄉間，復古風情到現代風格皆有，以符合各種旅程安排。

B&B民宿
Bed & Breakfast

💲 雙人房50歐起

　　由民家提供的住宿也會有特別的體驗，例如在鄉下可能可以住到茅屋（cottage）、農莊、小型莊園、鄉村或海濱小屋，若有供餐，通常會吃到傳統料理，如愛爾蘭燉肉、愛爾蘭傳統早餐等。

　　合法民宿列表可以在愛爾蘭觀光網站上查找；近年流行的Airbnb會有更多更符合「民宿」定義的房源（如：與在地人交流……等，合法民宿有些偏向將房子當作住宿風格在經營），但是就沒有國家認證，訂房時要多注意說明與評價。

▲ 鄉間民宿

▲ 可以在airbnb找到的短租空房

▲ pub樓上通常是民宿

獨棟出租
Self Catering

　　房屋類型和B&B類似、有多種選擇，通常是屋主的閒置空房獨棟出租給想到鄉下度假、又想仕在有家的感覺，房了裡的物件，一定配有廚房可以自炊。跟房東的互動可能只有交接鑰匙的時候，隱私度較高，相對也沒有人員提供服務。通常高爾夫球場附近、夏季的海岸附近的獨棟出租會特別受歡迎。

▲ 獨棟出租的鄉村小屋

飯店與民宿訂房看這裡

　　以下訂房網站常與信用卡合作，有些業者會配合取消訂房免手續費的條款，安排行程更有彈性。
Booking：www.booking.com
AGODA：www.agoda.com/zh-tw
Hotels.com：tw.hotels.com
Airbnb：www.airbnb.com
Tripadvisor：www.tripadvisor.com

※ 資料時有異動，請以官方公布的最新資料為主

青年旅館 / 背包客棧
Hostel

💲 床位10歐起 / 單、雙人雅房30歐起

青年旅館一直是背包客、省錢族的最佳選擇，房間從便宜的多人房到有個人空間的單、雙人雅房皆有，近年來節省住宿的旅行方式廣受歡迎後，也有許多講求設計的青年旅館出現，還有許多教堂、露營區、老房子改造的特色青旅可以嘗試。

與其他旅客共用房間的多人房 ▶

▲ 青年旅館通常都會有交誼廳，提供茶水、電視，並擺滿旅遊資訊

青年旅館訂房網站看這裡

以下三家為較多青年旅館登錄的訂房網站，預定青年旅館時要像訂廉航機票時一樣多加留心，尤其是提供設施、退房後行李是否可寄放和入住時間限制。Anoige為愛爾蘭文的hostel，這是YH組織愛爾蘭官網，在這個網站上訂房可以使用YH卡折扣。

Hostelworld：www.hostelworld.com
HOSTELS：www.hostels.com
An Oige：anoige.ie

※ 資料時有異動，請以官方公布的最新資料為主

貼心 小提醒

青旅設備

■ **廚房**：愛爾蘭自炊習慣普遍，大多有設廚房。

■ **早餐**：大部分有提供，但都是基本的土司、果醬、咖啡、牛奶、玉米片，單價貴一點的青旅也只會換成好一點的蘇打麵包、多幾種蛋與起司，無法與飯店相比。

愛爾蘭旅遊網訂房步驟
Step by Step

如果想要搜尋合法登記的特色住宿，愛爾蘭旅遊官網介面設計的很友善，推薦使用。
網站：www.discoverireland.ie

Step 1 選擇住宿類型

點選想住的住宿類別、選擇星等和地點過濾物件。

住宿篇

Step 2　前往訂房

確認說明內容，可以接受即可經由提供的連結前往訂房。

住宿介紹　住宿資訊　Things To Do Nearby
地址資料　住宿點位置與附近景點推薦
訂房連結

Step 4　輸入資料訂房

Step 5　輸入信用卡資料

輸入信用卡資料保留房間，如果無故未到系統會從信用卡扣款確保店家權益，正常情形下消費者是入住時才付款全額住宿費、同時比價多間住宿設施、網路上有許多優惠券分享可以使用、有APP便於管理行程，是使用大型訂房網站訂房的便利處。

Booking.com網站訂房步驟 Step by Step

Step 1　選擇入住日期、地點

Step 2　使用條件過濾物件

住宿條件　排序條件

Step 3　確認物件內容說明

♥ 貼心 小提醒

訂房注意事項

全球飯店比價網站Trivago：同時收集多個網站的資料協助比較，雖然不一定是最便宜的(例如：無法收集到飯店官網的直接預定優惠價)，但是不失為一個方便的工具。(網址：www.trivago.com.tw)

青年旅館請先選1人：有些青年旅館也會在大型訂房網站上登錄，若要搜尋到青年旅館，住宿人數一定要先選擇「1人」，找到想住的青年旅館時，再確認床位是否足夠。如果直接搜尋2人以上，不會出現青旅的搜尋結果。

訂房紀錄列印存檔：訂房後，最好能將訂房紀錄列印出來並同時存檔於行動裝置中，Check-in和過海關都會方便許多。現在訂房網站都有提供APP，包含住宿資料、路線導航、入住提醒等，可以下載使用。

飲食篇
Gourmet

在愛爾蘭旅行,有哪些飲食選擇?

愛爾蘭的主食是馬鈴薯,有相當多品種可以挑選,也變化出各種調理方式,

馬鈴薯料理常會給人「原來還可以這樣做!」的驚喜感,

當然也有許多特色食物一定要品嘗看看!

Bacon Quiche

Vegetable Quiche

攝影／謝宜璇

攝影／謝宜璇

愛爾蘭道地美食

愛爾蘭人都吃些什麼？

愛式傳統早餐
Irish Traditional Breakfast

愛爾蘭也有「早餐吃得像國王、午餐吃得像王子、晚餐吃得像乞丐」的相關諺語，傳統早餐就是一份非常豐盛的拼盤，幾乎都是愛爾蘭的特色食物，許多店家會喜歡標榜完全使用愛爾蘭農產品，挑一個早上去酒吧吃看看道地的早餐吧！

咖啡廳是不會販售的，一定要到早上有營業的酒吧（Pub）去品嘗，有賣傳統早餐的老酒吧很多，在非常愛爾蘭風格的店裡吃會特別有氣氛，最晚10點以前一定要點到餐，不然店家開始準備午餐就不會提供了。早午餐餐廳（Brunch）或是三明治店也會販售；如果住飯店，早餐是自助式的就得自己尋找會出現在傳統早餐中的品項。只對其中幾項有興趣的話，超市都能買到，但是工廠大量製造的口感一定和酒吧供應的熱食有所差異，可以多加考慮。

飲料

餅乾

麵包

香腸

炸馬鈴薯泥

果醬

培根

焗豆

雞蛋

煎蘑菇

白布丁

奶油

黑布丁

烤番茄

▲ 一份完整的傳統早餐

飲食篇

愛爾蘭燉肉
Irish Stew

用牛或小羊肉，搭配馬鈴薯塊、紅蘿蔔塊、洋蔥、芹菜和香料長時間燉煮而成，有時會用啤酒取代香料，是人人都會煮、家家有變化的基本料理。從小餐館到高級餐廳都會供應，到愛爾蘭的餐廳一定要吃一次看看，如果無法吃牛羊肉而住宿地方的有廚房，也可以自己煮煮看，牛、羊、雞都適合燉煮，肉以外的食材都非常便宜，馬鈴薯和肉的包裝上會寫建議烹煮的方式，可以挑選適合Stew的種類。

蘇打麵包
Irish Soda Bread

愛爾蘭的蘇打麵包使用含有大量麩質的小麥，所以顏色較深，口感較硬，是最常出現在愛爾蘭餐桌上的麵包種類。絞碎並烤過後很適合搭配紅肉或海鮮一起吃。其他特色麵包還有混了大量馬鈴薯澱粉的potato bread（也叫farl）。

厚切培根和高麗菜
Bacon & Cabbage

厚切培根和高麗菜，愛爾蘭的培根煙燻味比較輕，餐廳裡常用的是油脂較少的培根，吃起來就像是調味版新鮮豬肉；高麗菜的煮法則是各家餐廳都不一樣。共通點是都會搭配羅勒奶油醬。

派
Pie

如果看到「Pie」作為主餐出現在菜單上，這道料理一定會有滿滿的馬鈴薯泥，裡面則摻雜不同的餡料。羊肉派叫Shepherd's Pie，牛肉派叫Cottage pie，也有海鮮派（Fish pie）。

乳製品
Dairy Products

酪農業是愛爾蘭很重要的基本產業，到處都有冠上地方牧場名字的牛奶、奶油、優格、起司可以挑選，價格便宜又好吃。

海鮮 *Seafood*

愛爾蘭是海島國家，海鮮多又新鮮，魚類都是沒有刺的魚排；另外淡菜（mussel）也很常被推薦，常見的是白酒奶油悶淡菜。店家的作法是把肉挖出，包裹一層蒜味蘇打麵包屑，再填回殼裡並油炸，是道費功夫的料理，但料理名稱仍然只寫mussel。

吐司夾洋芋片 *Crisp Sandwich*

愛爾蘭家中日常到不會拿出來賣，或不覺得有什麼特別的一種經典吃法。不過外國人聽到時通常都覺得很新奇。吐司塗上奶油，夾喜歡的洋芋片，壓扁後吃。

愛爾蘭咖啡 *Irish Coffee*

由咖啡、愛爾蘭威士忌、打發鮮奶油、肉蔻粉、碎檸檬皮和紅糖所調製而成。舉世聞名的愛爾蘭咖啡到當地一定要嘗嘗，當初是由當地一間小航空公司在夜間飛行時臨時調製出一杯以溫暖旅客身心靈的貼心飲品，而後受到全世界歡迎，不過連咖啡都想加酒進去，全世界大概只有嗜酒如命的愛爾蘭人才想的出。另外，請再仔細看一次這杯咖啡裡面會加的東西—沒錯，愛爾蘭咖啡熱量超級高！

甜點 *Dessert*

當地人常吃的蛋糕都是外表不花俏的樸實款，口感紮實的蛋糕體，沒有慕斯，偶爾會在蛋糕上方塗一層奶油或糖霜。烤餅乾、蘋果派也是常見的甜點，也許外表看起來沒有4、5歐的感覺，但是咖啡廳和烘焙屋提供的品項一定都是塞了滿滿餡料的超值點心。

啤酒 *Beer*

愛爾蘭人喜歡小酌一杯，也產出了不少世界知名的品牌，最有名的啤酒就是同時創辦了金氏世界紀錄的品牌健力士（Guenniss），這是苦味較重的黑啤酒，加一點到燉肉裡面一起煮還不錯，生啤比罐裝好喝許多，觀光酒廠、酒吧都可以喝到生啤。如果造訪的城市比較多，也別錯過水質純淨的愛爾蘭各地所釀的在地啤酒，當地知名品牌還有Murphy's、Smithwick's等。

蘋果酒 *Irish Cider*

愛爾蘭知名品牌Bulmer's，主打用愛爾蘭的好水所釀造的好酒，口味比其他蘋果酒稍苦，是當地人常喝的選項。

飲食篇

餐廳種類

酒吧、咖啡廳、現代餐廳、速食店、自助餐廳。

酒吧
Pub

乾杯的時候喊句「Slaínte!」(發音slawn-cha!)

Pub這個字來自於Public house，休閒而友好的氣氛、提供豐盛的食物和飲料，搭配傳統音樂和運動話題，就是愛爾蘭式酒吧的特色。愛爾蘭最古老的酒吧位於中部的小村莊，據說已營業千年之久！

從早餐到宵夜，囊括了愛爾蘭人一半的生活，一人小酌、家族聚餐到一起看球賽都可以在Pub裡面解決，不管規模大小如何，90%的Pub會有現場音樂演奏，除了給音樂人一個表演空間，更讓顧客在用餐、聚會、小酌時有另一番享受。

都柏林身為流行文化的首都，Pub的現場音樂

▲ 琳瑯滿目的酒類

演奏有現代音樂也有傳統音樂，在鄉下地方就幾乎是濃濃愛爾蘭風的傳統音樂演奏，如果你會彈吉他、對自己的歌喉有信心，也可以試著在樂團休息時詢問是否可以借吉他串個場，一起同樂！

💲 傳統早餐10～25歐，午晚餐10～30歐，愛爾蘭咖啡5～8歐，健力士啤酒、蘋果酒5歐。由於有賣酒的店家深夜營業會被課重稅，這種店家的酒會再貴上1～2歐

▲ 傳統音樂演奏 (攝影 / 謝宜璇)

▲ 現場音樂演湊

咖啡廳
Café

愛爾蘭人也喜歡喝咖啡，從獨立品牌、圓夢小店到大型連鎖店都有，由於飲食習慣的關係，早餐通常一個可頌、一杯咖啡解決，咖啡廳幾乎也成了上班族的早餐店，所以早早就營業的店家很多。愛爾蘭的牛奶很便宜，不管在哪裡買咖啡，旁邊一定都會有一壺供各人自行使用的牛奶，這對牛奶很貴的亞熱帶國家的我們來說很超值，不過使用時還請適量取用就好。

💲 美式3歐，拿鐵4
～5歐，三明治3～
8歐，烤餅乾一片1
歐，蛋糕與派一片
4～6歐

♥♥ **貼心 小提醒**

用餐時間

愛爾蘭的用餐時間和台灣差不多，不用怕用餐時間要餓肚子等餐廳開。不過宵夜只有酒吧、便利商店和速食可以選擇。

小費習慣

愛爾蘭沒有強制要給小費，覺得服務不錯或是不想拿回零錢時再給即可。

現代餐廳
Restaurant

其實不用太擔心愛爾蘭飲食單調會吃膩，都柏林聚集了美國、中國、巴西、東歐、西班牙、印度等各國移民，到處都有貨真價實的料理餐廳可以品嘗。

另外早期前往歐洲發展的香港人多，鄉下地方遍布華人足跡，到處都有中餐館可以吃，不過難得出門一趟，還是多嘗試在地料理比較好，畢竟外國的中餐也不會比自己家裡的菜合胃口。

💲 外帶便當5～10歐，單點價格依餐廳定位一道菜或一份餐10～50歐。平均15歐就可以吃到性價比不錯的三道餐(前菜或甜點、主餐、酒或飲料)

速食店
Fast Food Restaurant

國際連鎖店大多有進駐愛爾蘭，有些外來移民開的小店意外的好吃，價格都差不多。

💲 兩塊炸雞餐6～8歐、6吋披薩5～10歐

飲食篇

自助餐廳
Buffet

　　自助餐廳主要有兩種，一種是販售盒子，讓客人自憑本事，能裝多少算多少，主餐、炸物、沙拉、湯、現榨柳橙汁……等，每種料理都有專屬的計價盒子；另一種是固定價格，通常是10歐，先選好菜，由店員幫客人盛裝，如果覺得分量不夠可以請店員再加。這種盛菜的餐廳是都柏林很常見的販售形式，只要看到玻璃櫃裡面有一堆食物就是了，通常櫃子旁邊都沒有標價，也不會說明可以選幾道菜，要開口問。

選項很多，不怕青菜吃不夠。另外也有提供盒子讓客人自己裝到滿的自助吧，還可自己榨柳橙汁，以盛裝的容器計價。通常會併設便宜價位的手沖咖啡廳。

便利商店
Convenience Store

　　常見品牌有SPAR、Londis、Centra、WHSmith，愛爾蘭的便利商店也可以繳費儲值、有桌椅座位，而且幾乎是熟食店，可以買到各式料理，沙拉、三明治餐盒、炸物……等，生菜的

到超商點一個Breakfast roll

　　在愛爾蘭絕對不愁早餐或點心太單調，光是超商櫃子裡的三明治種類就已琳瑯滿目，如果沒有中意的，還可以請店員現包一個，玻璃櫃中有數十樣食材，先從澱粉類開始選擇，挑選捲餅或麵包、想吃的肉、菜、起司及醬料。標價會貼在牆上，因為餅皮和麵包大小有限，所以一般總價都不會超過4歐，算是愛爾蘭的B級美食。如果不喜歡超商的便宜口感，也可以尋找名稱帶有「deli」的店家，都有供應類似料理。

推薦餐廳

介紹當地具特色的餐廳、咖啡廳、酒吧。

在 這裡推薦幾間較有愛爾蘭特色的餐廳，別忘了向你的住宿地點服務人員詢問他們的推薦，在地人的建議真的比較不容易失望！

綜合型酒吧

The Brazen Head

西元1198年開始營業，是都柏林最古老的酒吧，吧檯區非常受歡迎，幾乎整天都是高朋滿座，充滿了濃濃愛爾蘭酒吧風情，除了可以吃到愛爾蘭傳統料理，烤小羊腿、高麗菜卷或牛肉火腿都是不錯的選擇。每個週末都有傳統音樂演奏可以聆聽，記得吃完晚餐就提早去占個好位置。

 www.brazenhead.com
✉ 20 Lower Bridge St, Dublin 8

綜合型酒吧

The Church

由廢棄教堂改裝的餐廳，莊嚴的管風琴還佇立著，一樓是平民風格的酒吧兼餐廳，2樓則是有專人邊桌服務的高級餐廳，從2樓可以俯視1樓的情形，如果有音樂表演，就是視野良好的特等席。不管是建築風格或複合式定位的經營方式，在這裡用餐都別有一番風味。

http www.thechurch.ie
✉ Junction of Mary St & Jervis St, Dublin 1

綜合型酒吧

M.J. O'NEILL'S

咖啡廳

Bewley's Oriental Café

　　在店裡穿梭選位子就可以讓你猶豫個十分鐘,用餐區、看球區、品酒區,規畫了許多適合不同目的的座位區,當然你也可以端著你點的燉肉到看球區去用餐,沒有人會阻止你,因為天黑後只要能搶到位子坐就不錯了。每個角落都是不一樣的巧思,擺了琳瑯滿目的裝飾品或是和店裡風格融為一體的啤酒廣告,強烈的整體感彷彿進入了另一個時空。

http www.oneillsbar.com
✉ 2 Suffolk Street, Dublin 2

　　Bewley's於1840成立於愛爾蘭,一開始經營茶葉貿易,而後成為大型飲料商,在超市、百貨都可以看到這個品牌的咖啡、巧克力與茶葉,這間最具特色的咖啡廳成立於1927年,裝潢著華麗的彩繪玻璃和家具,挑高的天花板搭配雕塑、繪畫,過往許多名作家在這裡創作作品的名聲加持,以及廣受西方人喜愛的東方茶室,許多熱門的因素讓這間咖啡廳每天都是人聲鼎沸。

http bewleys.com
✉ 8-79 Grafton Street, Dublin2

 豆知識

到Pub或Bar點一杯酒

　　愛爾蘭的店比較隨興,一般餐廳通常是自己找位子坐下,客人一多有可能就沒招呼到你,別太在意,到櫃檯、或是揮手請店員拿菜單即可。如果不想用餐,只想聽聽音樂、或是不能喝酒,不點飲料也沒有關係,但是入境隨俗試試看,融入酒吧裡享受那輕鬆的氣氛吧!

　　酒吧通常沒有酒單,常點的基本酒是Guinness和Cider(還有Strawberry cider、Pear cider、Lemon cider,適合喜歡喝甜的人)或是詢問店家有沒有自釀啤酒;行銷國際的大品牌啤酒都有,愛爾蘭各地啤酒也都喝的到,推薦直接點吧檯上那些生啤,口味真的不是罐頭能比的!調酒通常要夜店才有,但知道酒名的話都可以問問看吧台有沒有賣。

餐廳
Queen of Tarts

都柏林有兩家店，請在冷門時段前往用餐，不然會排隊排很久。從早餐、主餐到甜點都超級好吃，很優秀的美食店。

http www.queenoftarts.ie
✉ Cork Hill, Dame St., Dublin 2

餐廳
Kingfisher

一間到處都看的到的炸魚薯條餐廳，價錢雖沒有特別便宜，但分量超足，三人吃二份就非常飽，一份餐有主食與大量的馬鈴薯，馬鈴薯有多種選擇，盡量不要點炸的，不然可能會吃得很辛苦。同時這也是一間 self catering 的住宿地。

http www.kingfisherdublin .com
✉ 166 Parnel Street, Dublin 1

甜點店
The Rolling Dount

甜甜圈店。都柏林有多家分店，通常只賣到中午過後，是上班族買早餐的主要選項之一。口味非常甜，但是餡料超級豐富，跟無糖飲料很搭。

http www.therollingdonut. ie
✉ 8 O'Connell Street Lower, Dublin 1

甜點店
MURPHY's

來自西北邊的 Sligo 郡的本土冰淇淋品牌，口味跟食材都很愛爾蘭，全國各地都有分店。

http www.murphysicecre am.ie
✉ 27 Wicklow St., Dublin 2

Food Hall
Fallon & Byrne

1樓是高級食材超市內的Food Hall，有3道菜10歐，菜色多達20幾種的自助餐可選，也有搭配好的套餐、甜點和現煮咖啡。2樓是高級餐廳。

http www.fallonandbyrne.com
✉ 11-17 Exchequer Street, Dublin 2

綜合型酒吧
Porter House

這是一間標榜絕對不賣 Guinness 的反骨酒吧，但是他自有酒廠，提供給各分店販售的自有品牌 Porter beers 的種類繁多，也深受客人歡迎。

http www.theporterhouse.ie/index.php
✉ 16-18 Parliament Street Dublin 2(Temple bar分店)

行家秘技　蓋爾之夜

貴一點的餐廳在假日晚上會有愛爾蘭舞演出，通常會在店門口擺廣告牌，若看到招牌上有舞者照片，代表該店除了音樂演奏、還可欣賞愛爾蘭廣為人知的舞蹈表演。

超市與市集

農夫市集、菜市場，經濟實惠的採買處。

市集

農夫市集

愛爾蘭非常推廣產地農作物、無毒或手工產品，各地都有大大小小的農夫市集，大多在週末舉辦。除了不能錯過乾酪和優酪乳，還有醃漬橄欖、自釀啤酒、新鮮蔬果和醃肉，和老闆聊天還能了解產品的故事。每到夏季的週六日，只要在大型公園（如Merrion Square、Phoenix park、基督教會座堂前），幾乎都可以看到各種美食攤販，帶個墊子、買份食物，就可以野餐了。

Dublin Food Co-op

始於1983的傳統市集，現在整理得像是文創商店，專門販售在地食材與食物，多半是無毒產品。

🌐 www.dublinfood.coop

✉ Kilmainham Sq., Unit 1, Building 1, The old chocolate factory, Inchicore Rd., Kilmainham, Dublin 8

Temple Bar Food Market

都柏林的農夫市集。

✉ House Square, Temple Bar

🕐 每週六10:00～16:00

菜市場

市中心Moore St與Parnell St交界處附近因為有Lidl、Aldi、TESCO三間大型超市，所以這裡還有亞洲超市、巴西超市等許多各國小超市聚集，是名符其實的買菜區。Lidl門口前有早上才營業的傳統市場，是難得能看到賣鮮魚的地方，在這裡逛街的體驗會比較新奇，因為老闆們一個比一個兇，如果不想對愛爾蘭留下不好的印象，純粹逛逛就好，要買東西還是轉進去隔壁的超市吧。

超市

Lidl

- 平價超市
- 每週都有不同的39歐分特價蔬果
- 現烤麵包種類多
- 肉類便宜

Aldi

- 平價超市
- 每週都有不同的39歐分特價蔬果
- 蔬果類便宜

TESCO

- 商品種類齊全
- 自有品牌商品便宜
- 有很多瓶裝新鮮果汁
- 可以買到手機SIM卡(請見通訊篇P.135)

路上觀察 超市常見的國民產品

乳製品：牛奶、優格超便宜。

乾酪：價格實惠又多樣，味道較不刺激的種類有：搭配番茄一起吃的球狀Mozzarella、抹醬Cream cheese、做提拉米蘇的Mascarpone也可以沾餅乾直接吃、搭配三明治的Cheddar或Gouda、配酒、配餅乾都合適的Brie、搭配沙拉的Cottage或Feta……等，國產品牌則有Ardrahan、Corleggy、Durrus、Cashel blue、Cooleeney……。喜歡吃的話搭配新鮮麵包或酒類，每天都可以吃得很豐盛。

馬鈴薯產品：也是愛爾蘭常見的，國產洋芋片雖然貴但是口感真的很不錯。國民品牌TAYTO甚至還開了一間遊樂園！

貼心 小提醒

另外Marks & Spencer、Supervalu、DUNNES STORE這三個百貨品牌也都有超市區，甚至是單獨開一間超市，價格都差不多，屬於中上，特色是熟食多、商品齊全。

想撿便宜的話，除了每週特價區，也別錯過超市的冷藏櫃角落一定會有一區「即期品(Reduced)」專區！

購物袋要付費購買。

飲食實用單字

飲食篇

Potato 馬鈴薯	Sweet potato 地瓜	Sweet corn 玉米	Spring onion 青蔥	Onion 洋蔥
Garlic 蒜	Garlic sprout 蒜苗	Ginger 薑	Greens 青菜	Spinach 菠菜
Cabbage 甘藍菜、包心菜、高麗菜	Celery 芹菜	Garlic chives 韭菜	Coriander 香菜	Lettuce 萵苣
Broccoli 綠花椰菜	Cauliflower 白花椰菜	Radish 蘿蔔	Carrot 胡蘿蔔	Cucumber 黃瓜
Zucchini 櫛瓜	Pumpkin 南瓜	Hot pepper 辣椒	Pepper 胡椒	Green pepper 青椒
Sweet pepper 甜椒	Tomato 番茄	Mushroom 蘑菇	Eggplant 茄子	Asparagus 蘆筍
Haddock 北海鱈魚	Cod 鱈魚	Trout 鱒魚	Salmon 鮭魚	Prawn 大蝦
Mussel 淡菜	Crab 螃蟹	Lobster 龍蝦	Oyster 牡蠣	Eel 鰻魚
Beef 牛肉	Pork 豬肉	Chicken 雞肉	Turkey 火雞肉	Lamb 小羊肉
Mince 絞肉	Breast 雞胸肉	Whole milk 全脂牛奶	Skimmed milk 脫脂牛奶	Entree 前菜
Main course 主菜	Salad 沙拉	Sweet 甜點	Fruit 水果	Soda bread 蘇打麵包
Stout 黑啤酒	Boxty 馬鈴薯鬆餅	Farl 馬鈴薯烤餅	Colcannon 加了甘藍菜的馬鈴薯泥	Champ 加了蔥的馬鈴薯泥
Corned beef hash 烤鹽醃牛肉與馬鈴薯	Stew 燉肉	Potato casserole 焗馬鈴薯	Coleslaw 涼拌高麗菜	Chips 炸薯條(點餐時)

飲食實用會話

Could you rcoommend a nice restaurant／pub near here? 可以請你推薦一間不錯的餐廳／酒吧嗎？

What time is the breakfast served? 請問早餐幾點開始供應？

Is there a Chinese restaurant around here? 這附近有中國餐館嗎？

We are a group of 4. 我們總共有四個人。

Is this seat taken? 我可以坐這裡嗎？

Do you have vegetarian dishes? 請問有素食餐點嗎？

Can I have my bill? 請幫我結帳？

What's your special today? 今天有什麼推薦的餐點嗎？

What kind of dish is most popular here? 你們最受歡迎的餐點是什麼呢？

May I have a menu, please ! 請給我菜單。

May I see the wine list ! 請給我酒單。

I would like to have the same as the next table. 我想點和隔壁桌一樣的菜。

May I have some tap water, please? 請給我免費的水。

購物篇
Shopping

在愛爾蘭，買什麼紀念品、伴手禮？

走在路上常看到綠白橘的國旗、到處都是豎琴、地精(Leprechaun)的標誌、
白花三葉草，也別錯過富有故事性的格拉達戒指，在紀念品店通通可以把這些
象徵性圖樣的周邊商品帶回家。來看看哪裡可以買吧！

▲ 手工品牌
The Wool Felt Shop

攝影／ Ginny Peng

愛爾蘭購物商圈

商店街、百貨公司、紀念品店、文創商店、免稅店。

都柏林市中心商店街

亨利街 (Henry Street)
瑪莉街 (Mary Street)
陶伯街 (Talbot Street)

站在Spire旁邊，與歐康納爾街垂直的街，一邊是亨利街與瑪莉街，這條路上有愛爾蘭三大電信的店面、平價餐廳、3C店、雜貨店、兩大購物中心Jervis center與Ilac shopping center，購物中心裡有高價超市Dunnes store、Marks & Spencer、TESCO，中價位百貨公司Arnott's、Debhhams。

穿過Ilac Shoppingcenter到另一條街Parnell St，兩大平價超市Lidl、設在這條街上，以及另一間TESCO。

瑪莉街 ▶

▲ 陶伯街

另一邊的陶伯街口有一座文豪喬伊斯（James Joyce）雕像，這條街上是各式各樣的雜貨店，以披薩、炸雞等便宜速食為主的餐廳，還有一家超市Supervalu；走到底就是Connolly火車站。

歐康納爾街 (O'Connell Street)

都柏林購物區域集中地，歐康納爾街也常被稱作「市中心（City center）」，在向未造訪過都柏林的人解釋時也會稱它為「主街」，這條路上有著名地標The Spire，也是公車站牌最多的一條路。

百貨公司Clerys、Penneys，官方遊客中心、多家旅行社、銀行、郵局、兌匯所、連鎖紀念品店、便利商店、餐廳與飯店聚集，是都柏林觀光最重要的一條路。

攝影 / Ginny Peng

葛拉夫頓街 (Grafton Street)

在聖三一學院和聖史蒂芬綠地之間的區域是高價位質感店家的聚集地，有許多咖啡廳、餐廳和酒吧。部分店家不僅現場音樂演奏，甚至看得到

踢踏舞表演。附近也有聖史蒂芬購物中心和Gaiety Theater，大河之舞常在此演出。葛拉夫頓街是其中最熱鬧的一條街，已設計成行人徒步區，百貨公司Brown Thomas、百年咖啡廳Bewley's皆坐落於此，還有豐富的街頭藝人表演。

▲葛拉夫頓街的街頭藝人

聖三一學院附近商圈

聖三一學院附近是文化匯集的區域，大街上的文創店可以找到許多品牌，往小巷子走，則有許多富含店長個人特色的小店，如Exchequer Street、Drury Street、Nassau Street等巷子裡，就聚集了許多現代愛爾蘭的風格設計店。

2歐店

連鎖品牌Euro Giant和Dealz，以商品每樣只要2歐元大受歡迎，除了零食種類多樣外，會有許多季節性商品，例如剛好遇到聖派翠克日、萬聖節想去踩街，或到酒吧一同狂歡，只要花點小錢就可以一起融入節慶當中。臨時缺小東西也可以在這裡買。

百貨公司

各家百貨公司會推出活動的時間差不多，最盛大的就是聖誕節前一個月到聖誕節後一週，想撿便宜就不能錯過英系國家都會有的聖誕節後一天的Boxing Day（現在都是Boxing Week，另外愛爾蘭的正式假日名稱為St. Stephen's Day），折扣都是從半價算起，是購物的好時機。

高價位品牌：Brown Thomas

中價位品牌：Debenhams、Clery's、Arnotts

▲ Debenhams　　▲ Arnotts

▲ Clery's

▌平價品牌：Penneys

愛爾蘭相當受歡迎的平價百貨，是英國平價品牌Primark的母公司，最便宜一件牛仔褲只要5歐，如果預估錯天氣想臨時補貨，除了便宜之外，各城市都有店面，是相當方便的選擇。

市集

路過市集時，可以順道逛逛看看，也許會挖到寶，或有意想不到的體驗。若想特地去某個市集，則記得出發前要先查詢，確定有營業再去。

http 愛爾蘭市集網：www.iomst.ie

▌Temple Bar Square

都柏林這個小廣場時常舉辦各種迷你市集，如：二手書市集(Temple Bar Book Market)、手作市集(Designer Mart)、夜間市集(Summer Night Market)、聖誕市集(Christmas Market)等。

🕒 週末11:00～20:00

▌Dublin Flea Market

手作、二手市集。

✉ Newmarket Square, Dublin 8
🕒 每月最後一個週日11:00～18:00

紀念品店

全國最大的紀念品連鎖店Carrolls Gifts & Souvenirs，有許多愛爾蘭標誌性圖樣的商品，販售著囊括了食衣住行的紀念品百貨，許多商品都充滿了愛爾蘭式幽默。有些小型紀念品店是旅行社兼營的，也可以購買一日遊行程。

Kate Kearney威士忌、愛爾蘭巧克力品牌Butlers、Guinness都有跟這間紀念品店合作，推出一系列巧克力、白花三葉草形狀餅乾、太妃糖，都是相當有愛爾蘭特色又很好送的紀念品。

文創商店

▌基爾肯尼設計中心 (Kilkenny Design Centre)

愛爾蘭相當受歡迎的設計雜貨店，都柏林也有分店但比較小間。販售著愛爾蘭藝術家的手工藝作品，如毛衣、陶器、玻璃裝飾品與家具、文創商品等，2樓餐廳可以品嘗到愛爾蘭特色料理，也可以購買茶、手工果醬。

▌The Donegal Shop

發源於西北部的Donegal郡的商品店，以販售羊毛製品為主，也有一些紀念品和保養品，大都是在地品牌。

AVOCA

1787年成立的織品工廠，現在轉型為手工藝百貨品牌，除了販售自有商品，也結合其他愛爾蘭創作家的作品，包含家具、食品、食譜，一切與居家生活相關的產品都可在這裡找到。

Outlet

Kildare Village Luxury Shopping Destination

歐洲購物村品牌Bicester集團的愛爾蘭分店，位於Kildare郡，距離都柏林約1小時車程，機場有直達車；都柏林市區搭客運、火車都有通。抵達Kildare車站後有免費接駁車。

機場免稅商店

愛爾蘭人較喜歡實用性高的品牌，所以奢華路線的名牌店不多，在機場也只能看到一些，還是帶幾包健力士太妃糖回家吧！

攝影/Sean MacEntee

愛爾蘭傳統音樂這裡買

想找真正的愛爾蘭音樂作品，除了到PUB之外，也可以到樂器店或專門CD店找，都柏林市中心的店大多在Temple bar裡面，販售各式樂器，音樂CD則包含傳統歌謠，以及年輕人用傳統元素創作的風格新曲。

特色紀念品

格拉達戒指(Claddagh Ring)

17世紀時英王威廉三世在愛爾蘭西部的Claddagh村里救了被海盜綁架的村長女兒，村長為了報答威廉三世，以黃金製做了這個代表「用愛與友情構成的忠誠」的雙手捧心頂皇冠的戒指，從此成為愛爾蘭代表愛情的圖樣。將戒指愛心的尖端向外代表正在徵求戀人、尖端向內則代表已有戀人，這個戒指也是熱門的紀念品。

愛爾蘭品牌洋芋片

冠上在地農場名稱的洋芋片都非常好吃，且喜歡加進愛爾蘭元素的調味，例如三葉草口味、大西洋海鹽口味、馬鈴薯農場跟在地植物農場合作的口味等。

懷舊零食乳脂糖(Fudge)

很多新款餅乾棒中間會夾一層薄醬，愛爾蘭人習慣直接吃，不過我建議搭配餅乾會比較好吃，這款糖果在當地的地位相當於台灣人對七七乳加的印象。

▲ BARRY'S TEA

▲ 羊毛製品

▲ 愛爾蘭威士忌

▲ 愛爾蘭傳統音樂與樂器

如何退稅

在愛爾蘭購物如何退稅？

愛爾蘭購物超過10歐元就可以退稅，可退金額可以參考收據上列出的消費稅(VAT%)，每間退稅規定有所不同，如：有些店家可能要消費50歐以上才會開退稅用收據；消費金額超過2,000歐元才需要讓海關檢查並蓋章。退稅公司Fexco的連線系統，是用卡片登錄消費金額，不需要開收據，但是需要在第一次購物後上網註冊個資，購物時可以請店家詳細說明，以免錯失權益。

	Tax Free Worldwide	Fexco
網址	www.taxfreeworldwide.com	www.shoptaxfree.com/cms
退稅系統	如果愛爾蘭不是你旅行的最後一個歐盟國家，請把收據保留好，在行程中最後一個歐盟國的機場中辦理退稅。 	第一次購物取得會員卡後，需要上官網登錄個人資料，之後在Fexco系統消費時，都是使用卡片記錄消費資料。最後在機場需自行操作退稅機器KIOSK(有簡中介面)，並將卡片投入Fexco專用信箱中。愛爾蘭也是歐盟國之一，如果愛爾蘭不是你旅遊的最後一個歐盟國家，無法在愛爾蘭退稅，由於使用Fexco的話，會沒有實體收據，請記得檢查行李前必須先去找海關，請海關開出紙本收據，讓你帶到下一個歐盟使用。如果已經過安檢口才想起這件事情就來不及囉！
退稅櫃台	都柏林機場第二航廈：週一～日07:00～16:00	
退稅信箱	第一、二航廈皆有設立(信箱旁設有可直撥海關的服務電話)	
退稅方式	傳統填表格	向消費店家索取退稅卡，上網登錄退稅資料
取款方式	1.機場：信用卡 2.連鎖紀念品店Carrolls Irish Gifts Store：現金與信用卡；可辦理退稅之店面地址：57/58 Upper O'Connell Street, Dublin 1	信用卡
注意事項	退稅櫃檯營業時間不長，且只有第二航廈有服務櫃台，退稅幾乎要自己來，所以填好資料相當重要	

購物篇

退稅步驟 Step by Step —— 以目前較多店家使用的Tax Free Worldwide爲例

 Step 1 ## 請店家開退稅收據

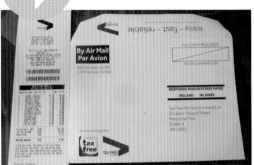

 Step 2 ## 填寫退稅收據上的資料，並放入信封

你的 **TAX FREE WORLDWIDE** 表单是值钱的！
为办理退税手续，请提供以下资料：

1. 姓名
2. 永久地址（非欧盟国家）
3. 信用卡号码（用於退税）
4. 护照／身份证号码
5. 签名

· 商品需要在购买日期之後三个月内从欧盟出口
· 若销售价值高於 2000 欧元，则需要海关盖章
· 表格需要交到 **TAX FREE WORLDWIDE**（投入下面的信箱，或使用预付邮资的 **TAX FREE WORLDWIDE** 信封寄回）
· 如需进一步协助，或有任何问题，请联络我们，
电话：**+353(0)1 644 9001**
电邮：**OFFICE.IE@TFWW.COM**

 Step 3 ## 將信封投入信箱

　　櫃檯有人可以請他們協助確認資料是否正確，無人則自行將信封投入信箱。

如何看懂退稅單

Retailer Signature:.....................

TOURIST DETAILS & DECLARATION
This section must be fully completed

Name: .... **姓名**

Address (Outside EU) .... **地址**

....

....

Country: .... **國家**

Passport or ID Number: .... **護照號碼**

Date Arrived in EU: .... **進入歐盟日期**

Date Leaving EU:.................... **離開歐盟日期**

Email Address: .... **電子信箱**

@ ....

From time to time TFW promotes the products and services of it's preferred retail partners. If you wish to receive information about these offers, please supply your email address above

Please provide credit card number to facilitate refund

——— ——— ——— **信用卡卡號**

I declare that: I am not resident in the EU, or I am an EU resident who intends to leave the EU for a minimum of 12 months. I intend to export the goods listed on this form from the EU by the last day of the third month following that in which they were purchased. I understand that when I present this form to Customs or at the Tax Free Worldwide desk, I am declaring that I am exporting all the goods (listed) on this form from the EU.

Tourist Signature: .... **簽名**

FOR OFFICIAL USE AT EXPORT FROM THE EU:
Customs Stamp:

海關蓋章

（總消費超過 2,000 歐元以上才需要蓋章）

Signature: ....
All refunds subject to Customs approval.

玩樂篇
Sightseeing

愛爾蘭有哪些好玩的景點與活動？

在愛爾蘭，你可以體會到壯麗的自然景觀，可以盡情衝浪的狂野海岸線，獨樹
一格的傳統音樂與酒吧文化，你還可以在9世紀的古老城堡裡探險，看看世上最
古老的球類運動愛式曲棍球(Hurling)，當然還有許多能使心情平靜下來的公園
與湖泊。雖然這裡太常下雨，但確實是塊美得令人讚嘆的土地。

攝影／謝宜璇

攝影／Ginny Peng

都柏林市區
Dublin City

愛爾蘭的文化與歷史發展重心。

首都都柏林(Dublin)是整個國家文化與歷史發展的重心,景點大多在室內,除了景點,市中心主街O'Connell Street和St. Stephen's Green公園幾乎每週都有活動舉行,是比較熱鬧的地方。將主要景點逛完大約需要一整天;博物館一間大約需要半天的參觀時間。

愛爾蘭的國立博物館一律免收門票;國立機構的參觀或展覽如果是要收費的,每個月第一個星期三都是免費參觀日(Free Wednesday);如果剛好遇到館方導覽,建議聽上一段,不只能多了解一些展覽內容,逛起來會更有趣,也可以體會愛爾蘭人敘述手法上的風趣幽默。

劃分都柏林南北的地理界線　　MAP P.97 / H3
利菲河、半便士橋
River Liffey、Ha'penny Bridge

將都柏林分為南北兩邊的利菲河,不只劃分了地理界線,兩側的景點風情也大不相同,連輕軌電車都在河的兩岸各走各的路線。沿岸由30座橋連接兩側,夜晚的街燈亮起後是個不錯的拍照地點,其中最有名的是Temple Bar前的半便士橋,在英領時期,愛爾蘭被收了許多名目奇怪的稅

▲ 半便士橋

賦,其中一項就是在過這座橋時要繳交半便士,因此得名。

▲ 利菲河

▲ 聖派翠克日時擠滿人潮的半便士橋 (攝影 / Ginny Peng)

都柏林地標　　　　　MAP P.97／H2

光明紀念碑
The Spire

這座尖塔位於都柏林市中心主街O'Connell Street上、郵政總局前，高221公尺，於2003年建造於因革命而毀壞的雕像原址上，用不鏽鋼製成，高聳入雲、與天空融爲一體，頂端在天黑後會亮燈，拋光的表面在白天映照出街道的模樣，光影的概念讓尖塔的愛爾蘭文名字取爲光明紀念碑（An Túr Solais）。作爲地標而建的Spire存在感強烈，也常被當作碰面的集合點、步行導覽的出發點；位於兩側的亨利街、陶伯街則是都柏林主要的逛街地點之一。

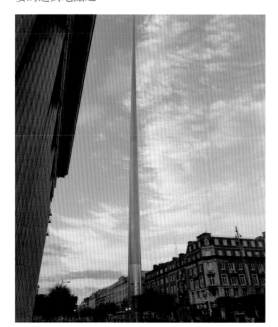

遊客中心資訊看這裡

官方遊客中心 Dublin Discover Ireland Centre
✉ 14 Upper O Connell Street, Dublin1
🕐 週一～六09:00～17:00

※ 資料時有異動，請以官方公布的最新資料為主

白天看藝術，晚上聽音樂小酌　MAP P.97／G3、H3

酒吧街
Temple Bar

雖然這裡眞的有一間酒吧叫作Temple Bar，但講到這個名字通常泛指這一塊酒吧與餐廳林立的街區，90年代起由於酒吧林立、觀光客多、也成了尋夢音樂人的發跡地，U2就是在這裡磨練實力的。在政府經費的補助下，也聚集了許多表演藝術公司和假日市集，從中午開始喧鬧到深夜，是深受遊客歡迎的地方。

除了爲酒和音樂而來，這裡白天有許多藝廊和小攤販可以尋寶，於街區內穿梭看看招牌上富有愛爾蘭風格的文字與繪畫，櫥窗擺設著各種酒杯或是愛爾蘭樂器，感受濃濃的愛爾蘭風情，但是進到任何一間傳統酒吧小酌一杯的同時，也別忘了注意你身上的財物。

每間酒吧都有現場音樂演奏，有些價位高的還會有愛爾蘭舞表演。另外，在這裡的店家喝酒的價錢會比較貴，如果不喜歡這種已經變成觀光客取向的感覺，可以請住宿地點的愛爾蘭工作人員推薦。

攝影／謝宜璇

➡ 沿著利菲河走，可以在半便士橋上看到一條石板小路，就是街區其中一個入口

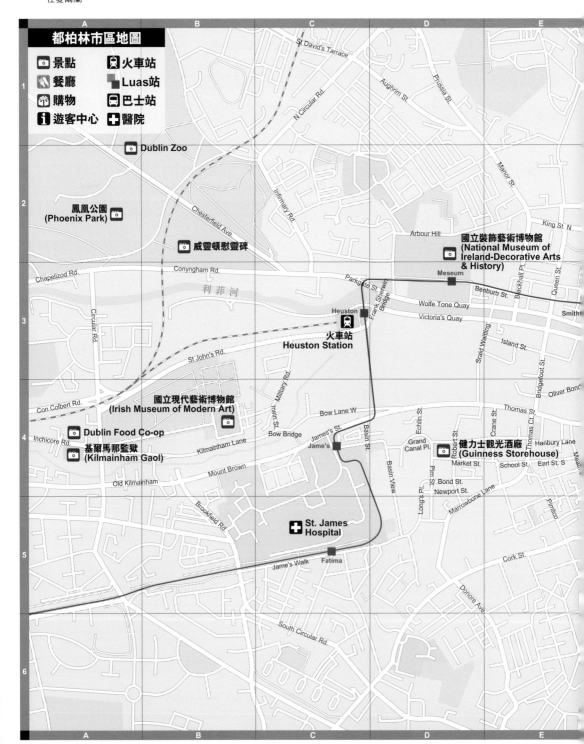

都柏林市區地圖

- 📷 景點
- 🍴 餐廳
- 🛍 購物
- ℹ️ 遊客中心
- 🚂 火車站
- ▪️ Luas站
- 🚌 巴士站
- ➕ 醫院

St David's Tarrace

Dublin Zoo

鳳凰公園
(Phoenix Park)

威靈頓慰靈碑

N Circular Rd

Chesterfield Ave.

Infirmary Rd

Aughrim St

Prussia St.

Manor St.

King St. N

Arbour Hill

國立裝飾藝術博物館
(National Museum of
Ireland-Decorative Arts
& History)

Meseum

Chapelizod Rd.

Conyngham Rd.

利菲河

Parkgate St.

Frank Sherwin Bridge

Wolfe Tone Quay

Benburb St.

Blackhall Pl.

Queen St.

Heuston

Victoria's Quay

Sraid Wantling

Island St.

Bridgefoot St.

Oliver Bond

Smith

火車站
Heuston Station

Circular Rd.

St John's Rd.

Con Colbert Rd.

國立現代藝術博物館
(Irish Museum of Modern Art)

Military Rd.

Irwin St.

Bow Lane W

Bow Bridge

James's St.

Basin St.

Echlin St.

Grand
Canal Pl.

Robert St.

Crane St.

Thomas St.

Thomas Ct.

健力士觀光酒廠
(Guinness Storehouse)

Hanbury Lane

Dublin Food Co-op

Inchicore Rd.

基爾馬那監獄
(Kilmainham Gaol)

Kilmainham Lane

Jame's

Basin View

Pim St.

Market St.

School St.

Earl St. S

Old Kilmainham

Mount Brown

Bond St.

Newport St.

Long's Pl.

Marrowbone Lane

Pimlico

Brookfield Rd.

St. James
Hospital

Jame's Walk

Fatima

Cork St.

Donore Ave.

South Circular Rd.

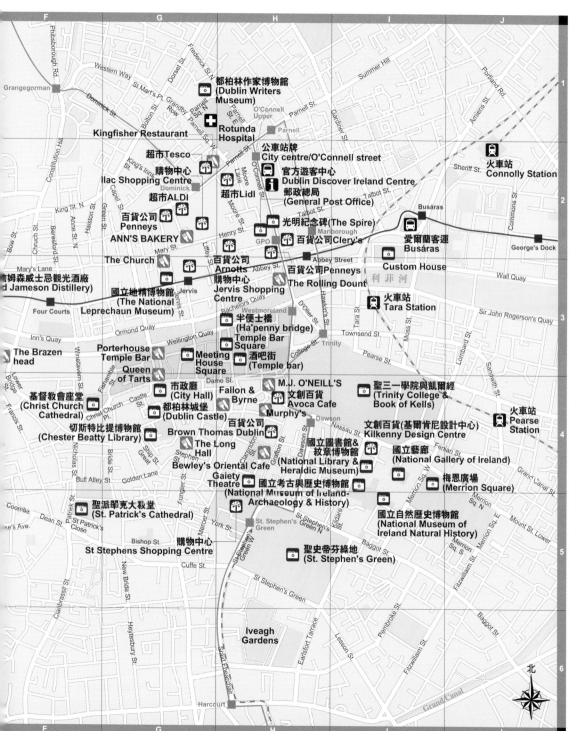

都柏林作家博物館
(Dublin Writers Museum)

Kingfisher Restaurant

Rotunda Hospital

超市Tesco

購物中心
Ilac Shopping Centre

超市ALDI

百貨公司
Penneys

ANN'S BAKERY

The Church

公車站牌
City centre/O'Connell street

官方遊客中心
Dublin Discover Ireland Centre

郵政總局
(General Post Office)

光明紀念碑(The Spire)

GPO

百貨公司Clery's

火車站
Connolly Station

愛爾蘭客運
Busáras

George's Dock

Custom House

百貨公司
Arnotts

購物中心
Jervis Shopping Centre

百貨公司Penneys

The Rolling Dount

利菲河

火車站
Tara Station

超市Lidl

(詹姆森威士忌觀光酒廠
d Jameson Distillery)

國立地精博物館
(The National Leprechaun Museum)

Four Courts

半便士橋
(Ha'penny bridge)

Temple Bar Square

酒吧街
(Temple bar)

The Brazen head

Porterhouse Temple Bar

Queen of Tarts

Meeting House Square

市政廳
(City Hall)

Fallon & Byrne

M.J. O'NEILL'S

文創百貨
Avoca Cafe

聖三一學院與凱爾經
(Trinity College & Book of Kells)

火車站
Pearse Station

基督教會座堂
(Christ Church Cathedral)

都柏林城堡
(Dublin Castle)

Murphy's

Brown Thomas Dublin

文創百貨(基爾肯尼設計中心)
Kilkenny Design Centre

切斯特比提博物館
(Chester Beatty Library)

百貨公司

The Long Hall

Bewley's Oriental Cafe

Gaiety Theatre

國立圖書館&
紋章博物館
(National Library & Heraldic Museum)

國立藝廊
(National Gallery of Ireland)

梅恩廣場
(Merrion Square)

國立考古與歷史博物館
(National Museum of Ireland-Archaeology & History)

國立自然歷史博物館
(National Museum of Ireland Natural History)

聖派翠克大教堂
(St. Patrick's Cathedral)

購物中心
St Stephens Shopping Centre

St. Stephen's Green

聖史帝芬綠地
(St. Stephen's Green)

Iveagh Gardens

北

都柏林最大最古老的大學 `MAP` P.97/I4

聖三一學院、凱爾經
Trinity College、Book of Kells

　　愛爾蘭第一學府聖三一學院，校區內外總是充滿了人潮，在門口就有穿著修道士服裝的校內導覽人員在推銷行程，如果對整個學校的歷史和細節非常有興趣，不妨參加看看。

　　除了參觀這所於1592年就成立的古老大學之外，最受人矚目的就是老圖書館（Old Library）裡，每年有50萬遊客來爭睹這一本被譽為全世界最美、最古老、保存最完整的手抄書凱爾經（Book of Kells）。如果想要進老圖書館，由於建築物古老、面積不大，無法容納大量遊客，一旦開始限制館內人數，進場速度會大幅下降，務必要提早出門排隊。校內還有對外開放的藝廊、科學展覽和咖啡廳。

以上二圖攝影／謝宜瑩

　　✉ College Green, Dublin 2 ☎ (01)896-4477 ◷ 6～9月：週一～日09:00～18:00；10～5月：週一～六09:30～17:00，週日09:30～16:30 💲 網路購買免排隊票€13，現場排隊票價€10，聖三一學院學生一次可以免費帶2人排隊進入，如果排隊人潮少可以試著有禮貌地問問看學生們能否一同進入 ➡ 沿著O'Connell Street走，過利菲河後再走二個街區就可以看到學校

歐洲最大的無人監獄 `MAP` P.96/A4

基爾馬那監獄
Kilmainham Gaol

　　在這是一座在1795年由英國建立，以關政治犯為主的監獄，刻劃了愛爾蘭爭取獨立的血淚史，重要的革命軍被逮捕後都關在這裡，1916年的復活節起義革命領導人甚至是在這裡被處刑，愛爾蘭獨立後監獄被閒置，成為歐洲最大的無人監獄，直到近期才以邊整修邊開放導覽的方式對外開放。展覽包含英領時期與獨立後政治自主的政治與法律相關介紹、牢房導覽。由於只能跟隨定時導覽入內參觀，且每小時限制35人，旺季時請上網預約參觀。

　　✉ Inchicore Road, Dublin 8 ☎ (01)453-5984 ◷ 4～9月：週一～六09:30～17:00，週日10:00～17:00；10～3月：週一～六09:30～17:30，週日10:00～17:00 💲 €4 ➡ 69、79路公車「Kilmainham Jail」下車

體驗尋找野鹿群的城市公園 `MAP` P.96/A2

鳳凰公園
Phoenix Park

　　占地709公頃，從西元前3500年保持原樣至今，蘊含許多自然資源，17世紀時規畫為公園，也是歐洲最大的城市公園，現今的園區內有小

玩樂篇

火車、市立動物園、遊客中心、總統府、總統官邸、一座小城堡、慰靈紀念碑，總統府與官邸每週六可以免費參觀，但需先在遊客中心現場報名。最受人歡迎的活動就是尋找野生鹿群，由於鹿生性膽小，遊客太多時會躲在森林中，想看到鹿最好在平日遊客少時，租腳踏車在園區內繞繞，就可以看到鹿在草地上休息。

▲ 威靈頓慰靈碑(攝影 / Ginny Peng)

▲ 遊園小火車

✉ Phoenix Park, Dublin 8 ☎(01)677-0095 ⏰公園24小時開放 / 遊客中心：4月～12月：週一～日10:00～18:00；1～3月：週三～日09:30～17:30 💲免費 ➡25、26、39a、66路公車可到，從市中心步行約30分鐘。公車沒有在門口下車的路線，比較建議將公園、健力士博物館、現代藝術博物館、基爾馬那監獄行程排在一起用走的

都柏林的政治中心　🗺 P.97／G4

都柏林城堡、市政廳
Dublin Castle、City Hall

最老的建築於1204年就已經存在，推測可能是一座凱爾特式防禦用堡壘，城堡地下的中世紀墓室還保留著。雖然經過多次重建，但這塊區域一直是都柏林的政治中心，目前所見的主體大約是19世紀末期由英格蘭人完成，屬於近代建築，設計偏重實用性，所以沒有華麗的裝潢與格局，目前也作為總統就職儀式、國家接待貴賓用的場地。

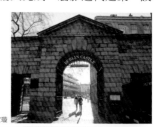

攝影 / 謝宜璇

▲ 都柏林城堡(攝影 / 謝宜璇)

▲ 都柏林市政廳(攝影 / 謝宜璇)

✉ Dame St, Dublin 2 ☎(01)645-8800 ⏰週一～六10:00～16:45，國定假日、週日12:00～16:45 🚫12月24～28日、1月1日、基督受難日 💲城堡€4.5，市政廳€4 ➡聖三一學院正門直走約五分鐘；16路公車「Dublin castle」下車

在草地上享受發呆的愜意時光　MAP P.97／H5

聖史帝芬綠地
St. Stephen's Green

　　由於位置便利，園區內又有小湖、大片綠地、兒童遊樂場，所以公園裡總是充滿了放鬆休息的遊客，是市中心最受歡迎的公園，雖然不一定寧靜，但是帶個三明治去草地上發呆、曬曬太陽，也許躺一次就可以了解歐洲人熱愛曬太陽的原因；大型節日時也常舉辦活動，如各種遊行的起點、聖誕市集等，附近的Grafton Street是購物街，有購物中心、百貨公司和許多咖啡廳。不過這裡有一個煞風景的小情報，其實這塊地在英領時期原本是公開刑場呢。

攝影／Ginny Peng

✉ St Stephen's Green, Dublin 2 ☎ (01)475-7816
🕐 10：00～天黑閉園 💲 免費 ➡ LUAS綠線「St Stephen's Green」下車；或是從O'Connell Street出發經過聖三一學院，走Grafton street到底

 豆知識

劇院The Gaiety Theatre

　　聖史帝芬購物中心對面就是大河之舞在都柏林的表演場地，每年6～8月都會有演出，表演較小型、會跟觀眾互動，跟觀看國外演出的大型表演有不同的氣氛，也很有意思。提早網路購票有折扣，也可以賭賭看開場前30分鐘釋出的剩位票，有可能以15歐價格購買到50歐的位子喔。

許多知名作家的故居坐落地　MAP P.97／I4

梅恩廣場
Merrion Square

　　每週六會有農夫市集，可以買到手工餅乾或家庭製產品，每天有許多畫家在這裡擺攤。廣場正中央有規畫完善的花園、角落有愛爾蘭名作家王爾德彩色雕像，公園附近是典型的愛爾蘭現代社區風格的街道，你可以在這裡看到許多明信片會印製的彩色門板；許多知名作家的故居位在梅恩公園附近，也是此地出名的原因。

革命紀念銅像▶

▲ 刻滿王爾德作品詞語的雕像　　▲ 王爾德雕像

▲ 梅恩廣場

✉ Merrion Square, Dublin 2 ☎ (01)661-2369
🕐 10：00～天黑閉園 💲 免費 ➡ St. Stephen's Green 後方

玩樂篇

體驗盛裝一杯完美泡沫的啤酒教學 MAP P.96／D4

健力士觀光酒廠
Guinness Storehouse

創辦人亞瑟健力士爵士在18世紀時向英格蘭政府簽下為期九千年的租約開始使用酒廠，產品一直只有黑啤酒，同時世界上也大多認為這種烈性啤酒（stout）就是健力士所發明或奠基的；2000年時公司將其中一座占地26公頃的酒廠改裝成觀光工廠，一共有7層樓，展覽包含製酒細節到行銷世界各個面向的介紹，餐廳內也有許多加入健力士啤酒的餐點、喝到市面上較難買到的口味，頂樓可以欣賞都柏林市風景。門票包含語音導覽機（有中文）、並且能兌換一杯飲料，如果選擇在健力士學院內兌換，還可以體驗「如何盛裝一杯有完美泡沫的健力士」的教學。

▲可以眺望市區的頂樓酒吧

⊠ St. James's Gate, Dublin 2 ☎ (01)408-4800
🕐 9～6月：週一～日09:30～17:00；7～8月：週一～日09:30～19:00 🚫基督受難日 💲€20，網購€18(票價年年調漲) ➡123路公車「Guinness storehouse」下車

以製作生命之水威士忌聞名世界 MAP P.97／F3

老詹姆森威士忌觀光酒廠
Old Jameson Distillery

以製造生命之水威士忌而聞名世界的老詹姆森，在都柏林和科克各有一座觀光工廠，用影片和設備介紹威士忌從木桶木材選擇、威士忌原料選料到裝瓶、行銷的過程，也會以品酒方式介紹各種威士忌的不同，餐廳定時會有愛爾蘭踢踏舞表演。愛爾蘭咖啡使用的威士忌通常是這個牌子，也可以在酒廠裡嘗試看看，參觀一律跟隨導覽進入，每場次約1小時。

攝影／謝宜璇

⊠ Bow Street, Smithfield Village, Dublin 7 ☎ (01)807-2355 🕐週一～六09:00～18:00，週日10:00～18:000 🚫12月24～26日、基督受難日 💲€15，網購€13.5 ➡LUAS紅線「Smithfield」下車沿指標走約5分鐘，入口在巷子裡不太好找，建議帶地圖或問路人

収藏近代、現代的畫家作品　　　MAP P.96／B4

國立現代藝術博物館
Irish Museum of Modern Art

收藏了大量愛爾蘭畫家作品，以近代、現代藝術為主的博物館，除了展品之外，建築物本身也很有看頭，中庭有一個放置顛倒的古老時鐘，在莊嚴的對稱式建築中看到它，不禁令人莞爾一笑建築師的前衛藝術完全走在時代的前端。

✉ Royal Hospital Kilmainham, Military Rd, Dublin 8 ☎ (01)612-9900 ⏰ 週二～六11:30～17:30，週日12:00～17:30 💲 免費 ➡ LUAS紅線、火車「Heuston」站下車後往皇家醫院方向走10分鐘；市中心O' Connell bridge搭乘13或41路，「Saint James's Hospital」下車，正對面就是博物館

行家祕技　博物館街區交通指引

從聖三一學院或聖史帝芬公園出發，沿著 Kildare street有4間博物館(National museum of Ireland-Archaeology & History、National Gallery、Natural History、Heraldic Museum)、國立圖書館、一間官舍Leinster House，都是可以免費參觀的國立設施。(更多博物館可以上官網查詢：www.museum.ie)

大鹿角標本為鎮館之寶　　　MAP P.97／I5

國立自然歷史博物館
National Museum of Ireland-Natural History

踏入門口映入眼簾有兩具3.6公尺寬的鹿角的愛爾蘭大角鹿標本，是這座博物館的鎮館之寶。以保存物種標本為主要目的的博物館還收藏了許多愛爾蘭特有種、國內外動物共約兩萬種標本。1857年開放至今，仍繼續使用的19世紀維多利亞風格展櫃也成了本館的欣賞重點之一。

▲ 愛爾蘭鹿骨骼標本

▲ 博物館外觀　　　▲ 維多利亞風格的博物館內部

✉ Merrion St Upper, Dublin 2 ☎ (01)677-7444 ⏰ 週二～六10:00～17:00，週日14:00～17:00 💲 免費

收藏凱爾特文化藝術展品　　　MAP P.97／I4

國立考古與歷史博物館
National Museum of Ireland-Archaeology & History

收藏了大量的凱爾特文化藝術相關展品，主要是中世紀的金屬飾品，雕刻精細、裝飾華麗的金器顯示出愛爾蘭中世紀的繁盛，古代披風所使用

的華麗巨型胸針、飾品與繪畫上獨特的凱爾特式圖騰也是參觀的重點之一，也有其他各國石器時代、金屬器時代的展品。

▲ 博物館外觀 　　　▲ 披風用巨型胸針

✉ Kildare St, Dublin 2 ☎ (01)677-7444 ⏰ 週二～六10:00～17:00，週日14:00～17:00 休 週一、聖誕節、基督受難日 💲 免費

革命發跡地，自由的象徵　　　🗺 P.97／H2

郵政總局
General Post Office

愛爾蘭人通常只稱它作GPO，位於主街上，是見證愛爾蘭獨立最重要的建築物，多起革命都由此發跡，也是1916年復活節起義的革命軍總部，獨立後成為自由的象徵。除了是繼續營業的郵局外，也是國家公開儀式、各種遊行活動的舉辦地

點。內有一處要收費的小型展覽廳，展示郵政發展史相關物品、郵票，以及在GPO發生的革命事件。

✉ O'Connell St Lower, Dublin 1 ☎ (01)705-7000 ⏰ 週一～六08:30～18:30 💲 展覽€3 ➡ O'Connell Street上最大的建築物，Spire旁

展示愛爾蘭的時代演變　　　🗺 P.96／D2

國立裝飾藝術博物館
National Museum of Ireland-Decorative Arts & History

由柯林斯軍營整修而成的博物館，占地廣大、展品內容豐富，博物館內也展出愛爾蘭各時代的家具、銀器陶器與玻璃製品，時尚演變的流行服飾，硬幣與貨幣展區可以看到英鎊、愛爾蘭鎊、紀念版愛爾蘭鎊和歐元，軍事相關展品有軍服展示和試穿體驗，也有戰機與坦克車模型和軍營生活還原展覽。

▲ 徵招革命軍的宣傳海報 　　　▲ 工藝品－椅子

▲ 博物館外觀

✉ Collins Barracks, Benburb St, Dublin 7 ☎ (01)677-7444 ⏰ 週二～六10:00～17:00，週日14:00～17:00 💲 免費 ➡ LUAS紅線「Museum」站下車

認識切斯特比提的一生　**MAP** P.97／G4

切斯特比提博物館
Chester Beatty Library

切斯特比提是一位美國礦業大亨，畢生致力於收藏藝術品，晚年移民至愛爾蘭後獲得了榮譽公民的身分，在死後將收藏品全數捐給國家，展館位於都柏林城堡的後花園裡，總共3層樓的展廳分別展出切斯特比提生平、四大宗教樓層、從印度或東亞、埃及等地收藏而來的展品，涵蓋9

～19世紀全世界的收藏，數量龐大，除了定期換展之外還會外借到其他國立機構展出。館內導覽機制完善，除了每天都有的英文場次，偶爾也有中文導覽，可以上官網查詢，參加導覽還會贈送飲料券。

攝影／Ginny Peng

✉ Dublin Castle, Dublin 2 ☎ (01)407-0750 🕐 週一～五10:00～17:00，週六11:00～17:00，週日13:00～17:00 💲 免費 ➡ 都柏林城堡後方

行家祕技　通行票券(Pass)

愛爾蘭也有許多的Pass，使用起來的便利性尚可，如果懶得安排行程，購買一份Pass跑完手冊上面的景點也是可行的，或是規畫行程時，可以到Pass的官網下載電子版手冊參考他們的路線，沒有特別划算的Pass，各有特色、要多做比較。

文化遺產卡(Heritage card)：
www.heritageireland.ie/en/heritagecards

都柏林通行券(Dublin pass)：
www.dublinpass.com

收藏珍貴的宗教手稿、聖物　**MAP** P.97／F4

基督教會座堂
Christ Church Cathedral

愛爾蘭的主教座堂，同為改建後成為英國哥德式教堂，由於有扶壁與拱橋，外觀上比聖派翠克教堂更吸睛，但同樣也曾有落寞的過往，曾經被維京人占領作為根據地，18世紀時還一度被當作市場與酒館經營。現今教堂內有寶物室展出珍貴的宗教手稿和聖物，地下室的前酒館偶爾會外借為特展場地。在教堂陸橋的正對面街角，教堂貼心的設置了最適合拍照的指標，能夠輕鬆拍下教堂全景。

攝影／謝宜璇

✉ Christchurch Pl, Dublin 8 ☎ (01)677-8099 🕐 4～9月：週一～六09:00～19:00，週日12:30～19:00；10～3月：週一～六09:00～17:00，週日12:30～14:30 💲 €6 ➡ 13、49、54a、56a、77a、123、151路公車「Christchurch Cathedral」下車 ❗ 禮拜、有活動與喪禮時遊客禁入

玩樂篇

愛爾蘭最大教堂 MAP P.97/F5

聖派翠克大教堂
St. Patrick's Cathedral

　　傳說愛爾蘭主保聖人聖派翠克，曾經在這裡的一口井旁爲信徒舉行受洗儀式，爲了紀念聖派翠克而建造此座大教堂。教堂建立於5世紀，但目前所見的建築大約是12世紀被英國占領後逐漸改建而成，爲英國哥德式建築，是愛爾蘭最大的教堂、管風琴規模也是全國最壯觀的。教堂葬有許多名人，格列佛遊記的作者曾是這間教堂的主教，逝世後也永眠於此。自西元800年起就存在的唱詩班學校也是教堂的重點之一，唱詩班每日早上、傍晚會固定在教堂內演出。

📧 Saint Patrick's Close, Dublin 8 📞 (01)453-9472
🕐 週一～日09:30～17:00 💲 €6 ➡ 49、54a、56a、77a、151「St. Patrick's Cathedral」下車 🚹 禮拜、有活動與喪禮時遊客禁入

帶你進入神話與傳說的展覽 MAP P.97/G3

國立地精博物館
National Leprechaun Museum

　　歡迎來到仙女山！你可以透過互動體驗、精心設計過的展覽裝置，如同閱讀一本書籍的篇章進度，循序漸進的瞭解愛爾蘭最受歡迎的傳說：把畢生蒐集的金幣都藏在彩虹盡頭的地精（Leprechaun）。除了地精，也可以看到愛爾蘭的神話與傳說的展覽；還有成人限定的黑暗傳說導覽，喜歡聽故事的人絕對不要錯過。

攝影 / YvonneM

📧 Twilfit House, Jervis St, Dublin 1 📞 (01)873-3899
🕐 週一～日10:00～18:30 💲 €14，網路購票送贈品
➡ LUAS紅線「Jervis」站下車，Ulster銀行對面

展示愛爾蘭文學界的作品 MAP P.97/G1

都柏林作家博物館
Dublin Writers Museum

　　博物館不只介紹了愛爾蘭四位文學獎得主，也介紹對愛爾蘭文學界、世界文學有影響的愛爾蘭作家的展品，包含全集、手稿、作家物品等。

攝影 / William Murphy

📧 18 Parnell Square East, Dublin1 📞 (01)872-2077
🕐 週一～六09:45～16:45，週日、假日11:00～16:30 🈵12/25～26 💲 €7.50 ➡ 從O'Connell St.往河的反方向走，就會接到Parnell Square East

都柏林近郊

花個半天時間就能抵達各小鎮，悠閒逛景點、吃海鮮。

每個鎮散步大約半天時間，夏季時如果停留在都柏林時間較長可以前往，刷個Leap Card一趟火車就可以輕鬆抵達，這4個地方都是海港，面臨愛爾蘭海的這些小鎮相當受帆船運動者歡迎，夏季可以看到許多練習或比賽。悠閒地逛逛鎮上的景點，吃頓新鮮海鮮，到海邊吹吹舒服不黏膩的海風，運氣好會看到海豹從海中探出頭來與你對看，看著整齊停滿帆船的港口與深藍色的海水，帶份三明治去野餐，搭配陽光就是一種舒服的享受。

保存完整的古老城堡　　　　 MAP P.108／E3

馬拉海德城堡
Malahide Castle

馬拉海德鎮的馬拉海德城堡在1185年由英王亨利二世為好友而建，建築物本身損壞程度較低，所以有可能是愛爾蘭最古老的城堡，在幾世紀的改裝和增建後，逐漸成為現在的模樣。傳聞曾經有弄臣離奇死亡，且在死前發誓要留在城堡裡一輩子，直到現代也偶爾有人說在城堡裡看過鬼魂，城堡自己也有推出夜晚試膽行程；中世紀的城堡雖不華麗但保存完整、花園經過細心整理而

▲ 馬拉海德城堡外觀(攝影／William Murphy)

且非常漂亮，也是受歡迎的婚禮場地。

✉ Back Road, Malahide, Co. Dublin ☎ (01)816-9538
🕐 週一～日09:30～17:30 🚫12月24～26日 💲 €12
➡ 近郊火車DART「Malahide」下車

▲ 馬拉海德港口(攝影／謝宜璇)

▲ 馬拉海德城堡遊客中心(攝影／謝宜璇)

有愛爾蘭之眼的稱號　　　　🗺 P.108／E4

霍斯
Howth

　　火車站對面有假日市集，攤位內容多元，有機產品、手工點心和手工藝創作品、服飾或二手攤位都有，有販售魚與薯條（Fish & Chips）的攤位，提著放滿淡菜和檸檬汁的籃子叫賣的移動商人，也有各種價位的新鮮海鮮餐廳可以品嘗，鎮上有霍斯堡的遺跡，前往遺跡的路上是輕鬆的健行路線，爬山時可以遠眺鬱鬱蔥蔥的威克洛山脈和整個霍斯港口與燈塔。海的中央有一座顯眼的小島，它有個充滿傳奇色彩的名字「愛爾蘭之眼」，小島是有許多候鳥的產卵地，因此霍斯也備受野鳥愛好者的歡迎。

▲ 經常出沒在霍斯港口的小海豹　　▲ 假日市集

▲ 愛爾蘭之眼

▲ 修道院遺跡

🔜 近郊火車DART「Howth」下車

有各種表演、換裝活動　　　　🗺 P.108／E4

多基城堡
Dalkey castle

　　多基小鎮特產是8月底的龍蝦，每年都會舉辦有著魔術表演、換裝遊行、假日市集、音樂會的龍蝦祭，漫步在充滿愛爾蘭風情的小鎮裡，享受音樂與充分利用在地食材的美食和精釀啤酒，飽餐一頓後可以前往多基城堡探險一下，夏季時城堡裡還會有換裝活動、16世紀的歷史還原表演，在城堡內相對應的地點，演員穿著當時的服裝，向遊客解釋理髮師或弓箭手的工作內容，有時演出抵抗維京人入侵的防禦戲碼。雖然城堡本身需要收費，但是其他相關遺跡是免費的。

▲ 小鎮以龍蝦料理出名　　▲ 海岸旁是視野良好的草原

▲ 城堡建築物分散在鎮上各處

✉ Castle Street, Dalkey, Co. Dublin 📞 (01)285-8366
🕐 週一～五10:00～17:00，週六～日11:00～17:00
🚫 週二 💲 €8，不同展覽有不同價格 🔜 近郊火車DART「Dalkey」下車

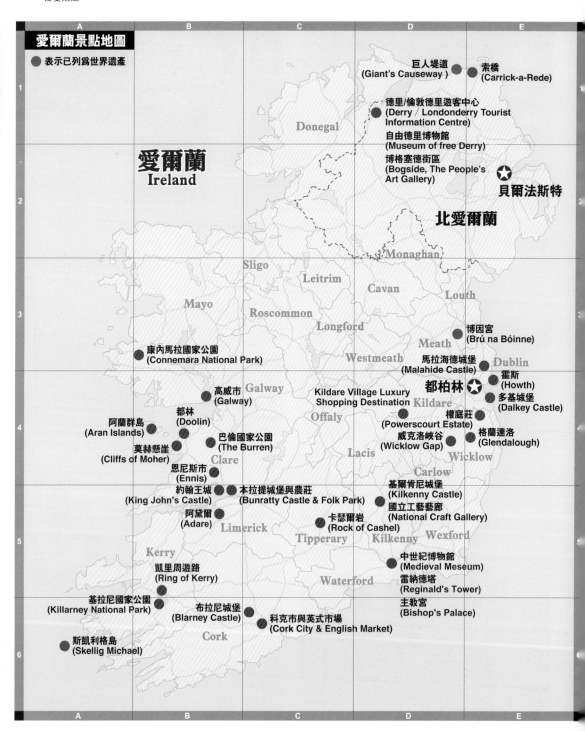

愛爾蘭景點地圖

● 表示已列爲世界遺產

愛爾蘭
Ireland

北愛爾蘭

貝爾法斯特 ☆

巨人堤道
(Giant's Causeway)

索橋
(Carrick-a-Rede)

德里/倫敦德里遊客中心
(Derry／Londonderry Tourist
Information Centre)

自由德里博物館
(Museum of free Derry)

博格塞德街區
(Bogside, The People's
Art Gallery)

Donegal

Monaghan

Sligo

Leitrim

Cavan

Louth

Mayo

Roscommon

Longford

Meath

博因宮
(Brú na Bóinne)

Westmeath

馬拉海德城堡
(Malahide Castle)

Dublin

都柏林 ☆

霍斯
(Howth)

康內馬拉國家公園
(Connemara National Park)

高威市
(Galway)

Galway

Kildare Village Luxury
Shopping Destination

Kildare

多基城堡
(Dalkey Castle)

都林
(Doolin)

Offaly

權庭莊
(Powerscourt Estate)

格蘭達洛
(Glendalough)

阿蘭群島
(Aran Islands)

巴倫國家公園
(The Burren)

威克洛峽谷
(Wicklow Gap)

莫赫懸崖
(Cliffs of Moher)

Clare

Lacis

Wicklow

恩尼斯市
(Ennis)

Carlow

約翰王城
(King John's Castle)

本拉提城堡與農莊
(Bunratty Castle & Folk Park)

基爾肯尼城堡
(Kilkenny Castle)

阿黛爾
(Adare)

Limerick

卡瑟爾岩
(Rock of Cashel)

國立工藝藝廊
(National Craft Gallery)

Tipperary

Kilkenny

Wexford

Kerry

中世紀博物館
(Medieval Meseum)

凱里周遊路
(Ring of Kerry)

Waterford

雷納德塔
(Reginald's Tower)

基拉尼國家公園
(Killarney National Park)

布拉尼城堡
(Blarney Castle)

科克市與英式市場
(Cork City & English Market)

主教宮
(Bishop's Palace)

Cork

斯凱利格島
(Skellig Michael)

愛爾蘭東部
Leinster

帶你造訪世界遺產、村莊遺跡、峽谷、莊園城堡。

攝影/謝宜璇

從都柏林前往東部景點的交通時間相對較短,是一日遊最佳選擇,驅車離開都柏林馬上就可見識到愛爾蘭被稱為翡翠之島的原因,沿途不同層次的綠意,光是坐在車上欣賞風景就相當舒適。東部同時也是古愛爾蘭王國的發展中心,除了自然景觀,也有相當多可和神話傳說結合的考古據點。

擁有新石器時代的石墓群　MAP P.108/D3

博因宮
Brú na Bóinne

　　根據考古結果發現已存在五千年之久的新石器時代巨大石墓群,建築物就地取材只用石頭堆疊而成,植物覆蓋住縫隙後補強了結構,區域規模和建造技術、天文地理知識與數量多達40處的墓室之間的連結是最令人驚豔的部分。這塊區域被認為是人類最早開始活動的場所之一,研究指出人類曾在此進行社會、經濟、宗教活動,深具考古價值而被列為世界遺產。

　　其中可以參觀的墓室為Newgrange、Knowth,依照維修情形輪流開放,園區內有公車載遊客到

▲ Newgrange外觀

古墓前,參觀只能跟隨導遊走。最受歡迎的Newgrange在每年冬至會聚集特別多的遊客,大家都想爭相目睹一年只有一次、陽光從天窗照入主墓室的奇景。除了參觀實際的文明遺產外,遊客中心內也有解釋建築歷史與科技、和模擬當時人類活動的展覽與考古品,由於導遊的現場解說較為艱澀,建議先看過靜態展覽後再參加現場導覽。

　　距離博因宮30公里處有一塊名為Hills of Tara的區域,曾有許多愛爾蘭國王在這裡加冕,整個博因河流域是古愛爾蘭王室的權力中心地,也是凱爾特神話中神界、人界、黃泉的連接地,每一個石製建築都有自己的故事,喜歡傳說的話務必要參加一日遊以更深入了解。

▲ Newgrange入口,代表生死輪迴的雕刻(攝影/謝宜璇)

✉ Stalleen Road, Donore, Co.Meath ☎ (041)988-0300 🕐 6～8月09:00～19:00;9～5月09:00～17:00 🚫 12/24～27 💲 Newgrange €6、Knowth €5 ➡ 開車前往或參加旅行團

五星級的高級莊園城堡 MAP P.108／E4

權庭莊
Powerscourt Estate

13世紀時當地一家貴族在此建造了一座城堡，後花園範圍廣大，甚至有自己的森林與瀑布，被財團收購發展至今，除了主建築物是五星級的高級城堡旅館外，也有高爾夫球場，莊園裡的義式、英式、日式庭院也是受歐洲人喜愛的元素，大廳改裝成餐廳、咖啡廳、有雜貨百貨公司AVOCA進駐，販售相當多愛爾蘭製的產品；也有展廳播放著莊園歷史與建築的介紹影片。雖然在樸實的愛爾蘭人眼裡，這座華麗莊園頗有如其名的炫富與格格不入感。

▲ 莊園入口

▲ 噴泉與莊園

✉Powerscourt Estate, Enniskerry, Co. Wicklow ☎(01)204-6000 🕐09:30～17:30 💲花園€6.50，瀑布€5.50 ➡O'Connell Street搭乘44路「Enniskerry」下車後步行25分

展示古老修道士生活的村莊 MAP P.108／E4

格蘭達洛
Glendalough

愛爾蘭有許多由修道士建立的古老村莊遺跡，格蘭達洛在西元498年在聖凱文接受神喻進駐此地後逐漸發展為村莊，人們在深山中兩湖環繞的寧靜土地上與自然共處、潛心修行，是當時愛爾蘭的信仰、學術、藝術聖地之一。

村裡保存有較完整的建築有教堂、瞭望塔、廚房、以及仍在使用的墓園；教堂內部還有清晰可見的凱爾特圖騰雕刻，墓園所使用的是愛爾蘭特有的凱爾特十字架，上頭的雕刻也都是凱爾特風格的圖騰。遊客中心內展示古老修道士的修行生活、修道士與一般民眾的社會關係和格蘭達洛區域的自然地理介紹。

▲ 村莊入口(攝影／謝宜璇)　▲ 圓塔為村莊的中心(攝影／謝宜璇)

▲ 修道院遺跡

✉Glendalough, Co. Wicklow ☎(404)45352 🕐隨時，建議白天前往 💲免費 ➡聖三一學院與聖史帝芬綠地中的Dawson street有直達客運St Kevin's Bus可以搭乘

玩樂篇

觀景台與木板橋為最佳拍照地　**MAP** P.108/D4

威克洛峽谷
Wicklow Gap

　　貫穿威克洛山脈的威克洛峽谷公路，夏季時沿路上都可以看見悠閒吃草的綿羊及盛開的紫色小花──歐洲石楠；公路上設有觀景台與木板橋的定點是整個峽谷最適合拍照的地方。夏天時陽光普照，藍天、白雲、紫花、綠林和白羊讓整個峽谷繽紛又充滿生命力；春秋時節枯黃的山谷搭配裊裊白霧，滄桑的淒美也別有一番風味，都是相當漂亮的自然風情。

攝影／Ginny Peng

ⓒ 建議白天前往 Ⓢ 免費 ➡ R756公路，開車或參加旅行團

🧠 豆知識

愛爾蘭十字架

　　在「認識愛爾蘭篇」(P.17)有介紹愛爾蘭的十字架融合了兩種信仰而有特殊的外觀，還有一則為愛爾蘭人津津樂道的民間傳說，相傳只要能反手抱住十字架，願望就能實現(當然不能抱別人墳頭的十字架)。不過教堂的十字架一座比一座大，願望還是自己去達成吧！

典型的英式石堡建築　**MAP** P.108/D5

基爾肯尼城堡
Kilkenny Castle

　　城堡於13世紀時由諾曼人建造，象徵這個鎮被英格蘭所占領，是典型的英式石堡建築，城堡在此佇立了800年，20世紀時最後一位繼承者將城堡贈送給鎮民，納入公共財後實施多次修復、考古、挖掘工程，改裝成適合遊客參觀的模式，除了復原房間擺設外，畫廊展出的畫作藏品數量眾多、會不定期更換。比較特別的是將維多利亞式廚房改裝成咖啡廳，碗盤、爐灶、鍋爐、煙囪管都保存良好，到這裡用餐時可以仔細欣賞這些富有時代感的配置。

▲ 有許多10世紀保存至今的遺跡　▲ 城堡外觀(攝影／謝宜璇)

▲ 城堡後花園(攝影／Ginny Peng)

✉ The Parade, Kilkenny 📞 (056)770-4106 ⓒ 10～2月09:30～16:30；3～9月09:30～17:00 休 12/24～27 Ⓢ €7 ➡ 往Waterford的火車「kilkenny(McDonagh)」站下車，步行15分鐘到市中心

作品展示、飯店花園、文創商店　**MAP** P.108/D5

國立工藝藝廊
National Craft Gallery

城堡對面這塊區域相當殺時間，屬於城堡花園的一部分，現今規畫成三個區塊：

工藝藝廊：展廳展示著概念作品，後方有藝術家工作室，可以現場看到毛線織品、銀飾、陶器等創作過程，也可以向創作者直接購買，商品多與愛爾蘭的風土民情或是傳說有所連結，如果知道作品的涵義，作為紀念品想必會更具意義。

改裝成飯店的管家居所與花園：通常是直接改裝城堡供人住宿，住管家房是比較特別的規畫。花園是典型的英式風格，有樹籬修成的小迷宮。

基爾肯尼設計中心(Kilkenny Design Centre)：大概是因為逛街購物的吸引力比參觀城堡大，很多一日遊行程都直接在商店門口介紹城堡的歷史後，就讓客人去逛商店了。如果想參觀城堡又想看看愛爾蘭的文創商品，在這個鎮就要預留逛街的時間。

攝影／Ginny Peng

攝影／謝宜璇

✉ Castle Yard, Kilkenny ☎ (056)779-6147 ⏰ 週二～六10:00～17:30，週日、國定假日11:00～17:30 $ 免費 ➡ 基爾肯尼城堡對面

一覽中世紀歷史的三大博物館　**MAP** P.108/D5

瓦特福寶藏 Waterford Treasures -
Three Museums in the Viking Triangle

以維京人、中世紀、瓦特福歷史為主題的三間博物館：中世紀博物館(Medieval Museum)、雷納德塔(Reginald's Tower)、主教宮(Bishop's Palace)，是對中世紀歷史有興趣的人可以一探究竟的地方。每年5～9月，還會有打扮成騎士、或是領主的導遊，帶領遊客一次體驗三間博物館最精采的部分。

中世紀博物館(Medieval Museum)：瓦特福最受歡迎的景點，除了珍貴的考古藏品外，還有還原的地下酒窖和唱詩班大廳，以及相當有趣的互動式體驗，包括木工、牢房體驗等。

雷納德塔(Reginald's Tower)：瓦特福的知名地標，西元9世紀由維京人建造並保存至今，展覽品包含維京人的寶藏、武器，展現愛爾蘭中世紀先進金工的飾品等。

主教宮(Bishop's Palace)：主教宮建立於18世紀，主要有瓦特福水晶工廠的古老玻璃製品、骨董家具、金銀器與繪畫。

▲ 主教宮

▲ 雷納德塔的維京船

✉ 28 The Mall, Waterford ☎ (0761)102-501 ⏰ 11～3月：週一～六09:30～17:00；4～10月：週一～五09:30～18:00 0 $ €7，聯合門票€10，導覽€7

愛爾蘭南部
Munster

海岸線、公路景致、古堡、鄉間小路，美景盡收眼底。

攝影/謝宜璇

只要抱持著探索的心去看世界，世界都會回饋給你美麗的風景，不過南愛的風景會在毫無心理準備的情形下帶給你視覺上的震撼，狂野的海岸線、優美的公路景致、森林中的古堡、恬靜的鄉間小路，中世紀保存至今的鄉村街道，不管是搭乘客運、自行開車或是單車環繞都能將美景盡收眼底。

愛爾蘭第一座國家公園 **MAP** P.108／B6

基拉尼國家公園
Killarney National Park

這是愛爾蘭第一座國家公園，內有三座湖、一座羅斯城堡（Ross Castle）、一座修道院、一座農場和一座莊園，城堡的花園裡有各種主題的植物園區，在不同季節都有不同的風情；同時也保留了許多物種，野生的紅鹿群、古老的橡樹群，還有愛爾蘭最豐富的樹種資源，森林與湖泊相映，偶爾出現的花叢、瀑布或探頭而出的野生動物，都增添了遊覽途中的回憶。停車場前有在地旅行公司Killarney Shuttle Bus販售一日公車票€10，羅斯城堡前販售的行程可以乘坐馬車走過一段森

▲ 椿花小徑 (攝影/謝宜璇)

林、或是坐船來回兩座湖泊，是一口氣體驗最美麗景色的便利方案。

📍 Killarney National Park, Muckross, Killarney
📞 (064)663-1440 ⏰ 隨時 💲 國家公園免費，其他私人設施各自收費 🚆 火車「Killarney」下車，或從科克搭乘愛爾蘭客運到「Killarney」下車，市中心步行至城堡約30分

▲ 基拉尼國家公園 (攝影/Ginny Peng)

▲ 馬車之旅的起點，為18世紀的維多利亞式莊園

體驗僧侶的修行生活　**MAP** P.108／A6

斯凱利格島
Skellig Michael

大約6世紀時，僧侶接收到神的指示來到小島上進行刻苦的修行生活，手工堆砌、不用任何釘子或黏著劑，將石板疊成蜂巢式住宅與教堂，而且石屋屹立至今沒有損壞，因而進入了世界遺產的名單。根據記載，當時登上島的僧侶都沒有再回本島過，靠著捕魚、種植蔬菜自力更生，蒐集雨水作為飲用水，有時還要防禦維京人入侵，直到12世紀僧侶才因無法抵禦、棄島而去。

✉ The Skellig Experience Visitor Centre, Valentia Island, Co. Kerry 📞 (066)947-6306 🕐 5～9月10:00～18:00；10～4月10:00～17:00 休 12/24～26 💲 遊客中心展覽€3 ➡ 只能開車前往或參加旅行團，在遊客中心可以詢問船班，僅4～9月風浪不大時才能啟航

行家祕技

如何順利前往斯凱利格島

號稱世界上最難到達的世界遺產之一，只開放5～9月，天氣好的日子才出航，行程有分上島、繞島兩種。上島需預約，船公司約10家，價格從90～120歐都有。先在網路上訂位(有些要押信用卡，沒有報到會被扣款)，行程結束時再付現金。所有的船合計只能帶180個遊客上島，最終能不能出航，得當天早上到港口(Portmagee)才知道。

由於斯凱利格島沒有港口，只有小船能出航，天氣再好都能讓人暈吐，上島可緩一下再返程；繞島行程30分鐘都在海上，會很不舒服，所以強烈建議參加上島行程。上島後會有導覽解說安全事項、歷史，及星際大戰的取景軼聞。島上約可停留1.5小時，上島前請先跟船東確認回程時間。

■ **乘船港口**：乘船港口位於Portmagee，是出海口小村莊，有夏季度假屋可租借，住在距離村莊中心15分鐘腳程的地方，就有非常好的風景視野。大西洋的海相很狂野。

■ **遊客中心**：遊客中心在乘船港口對面的島(Valentia Island)上，從港口徒步過跨海大橋，步行約10分鐘。遊客中心會播映影片，還有鳥類標本、僧侶生活造景模型等，具體呈現斯凱利格島1,500年前的樣貌。

■ **交通方式**：Dublin搭客運到Killarney→搭客運279A到Cahersiveen→搭復康巴士或計程車到Portmagee，也可自駕前往Portmagee；或是使用Airbnb訂房，先問房東願不願意送一程，Portmagee大多數居民在轉車地點Cahersiveen或Killarney上班。

Cahersiveen到Portmagee的公車是偏鄉復康巴士，一週只有2班，一定要算好時間。計程車隨時叫都有，單程價格約40歐。

■ **注意事項**：行動不便的人無法上島。樓梯是千年前手工打造的遺產，傾斜且沒有扶手。

攝影／Skellig Michael　　攝影／Skellig Michael

玩樂篇

被譽為愛爾蘭最美的環狀公路　MAP P.108／B5

凱里周遊路
Ring of Kerry

　　這裡被譽為是愛爾蘭最美的地方，全長179公里的環狀公路，只需半天就可以開車繞完，但是停留越久，越可以發現它的美，沿途經過基拉尼國家公園的湖區、瀑布和森林，離開公園就可以看見狂野的大西洋、中世紀的遺跡、寧靜的小鎮，數不盡的小湖小山，半島的尖端就是世界遺產麥可群島。一路上充滿各種綠意，沒有被破壞的自然景觀和平整的道路也相當適合騎自行車環遊，每年夏天都會有自行車比賽。比較可惜的是客運只行駛到國家公園，凱里周遊路只能開車或騎車環繞，還是建議開車前往。

攝影／謝宜璇

攝影／Ginny Peng

→ 從基拉尼國家公園開始與結束的N70環狀公路

從制高點賞香農河美景　MAP P.108／B5

約翰王城
King John's Castle

　　諾曼人在11世紀時趕走了占領利默里克（Limerick）的維京人，投注大量的資源，使之成為貿易城市，因此利默里克在13～16世紀一直是愛爾蘭最繁榮的地方。城堡的規模相當大，設施也很完善。但17世紀時受到新教與天主教的戰爭波及，幾乎全毀。直到2011年政府斥資570萬歐元重建，作為觀光景點。內部有各種互動展示，重現過往的繁榮和戰爭各部的攻防，瞭望塔可以從高處看到市中心和香農河美景，值得參觀。

✉ Nicholas St, Limerick ☎ (061)360-788 ◉ 09:30～17:00 $ €13，網購9折 → 利默里克(Limerick)市中心步行即可抵達

愛爾蘭傳統莊園與農村　　MAP P.108／B5

阿黛爾鎮
Adare

愛爾蘭最美的小鎮之一，小鎮位於愛爾蘭東西主幹道上的交通要衝上，雖然方便，但因為路很小，通常都會塞車。鎮上有榮獲2019年歐洲最豪奢城堡獎第一名的阿黛爾莊園（Adare Manor），原本是17世紀諾曼人領主的城堡，經歷火災後，在19世紀時原址重建，成為高級飯店，住宿一晚至少300歐。主幹道兩旁是過去作為莊園的一部分的平民農莊，典型的愛爾蘭鄉村房屋，建築物被完整保留下來，色彩繽紛，很好拍照。

擁有多種風格的城堡建築　　MAP P.108／C5

卡瑟爾岩
Rock of Cashel

古老的愛爾蘭分為4個國家，卡瑟爾城堡曾經是蒙斯特王國（Munster）的根據地，傳說聖派翠克與在遠處的山裡與惡魔決鬥時，用一塊巨石將惡魔給打飛，巨石落在現在這個位置，加上聖派翠克也在這裡為國王受洗、撿起一片三葉草解釋三位一體的概念，使三葉草成為愛爾蘭的象徵標誌，並且讓這塊區域成為蒙斯特的權力中心。巨大的聖派翠克十字架已經略微風化，保存在售票口旁的唱詩班宿舍裡，戶外有一個複製品。

最早的王座推測建造於400年左右的凱爾特時代，經過多個世紀以來信徒的改建使得城堡規模雄偉，設有王座的接見室、有精美雕刻的教堂，都顯示出當時王國的強大。一直以來都有人類在這塊區域活動，所以增建的建築也可以看出每個世紀的變化，從4世紀的凱爾特王座和十字架、11世紀的圓塔、12世紀的羅馬式禮拜堂、13世紀的歌德式教堂到15世紀的4層城堡，風格多變也是看點之一。

城堡前方是一望無際的平原，站在城堡前望過去可以見到一片綠草如茵；若從遠處看向城堡，因為沒有任何遮蔽物，城堡高高在上聳立在平原中，可以想見它當年的榮光。

▲ 城堡遺跡
（攝影／謝宜璇）

▲ 聖派翠克十字架
（攝影／謝宜璇）

▲ 城堡外觀

✉ St. Patrick's Rock of Cashel, Cashel, Co. Tipperary ☎ (062)61437 ⏰ 4～8月09:30～19:00；9～10月09:00～17:30；11～3月09:00～16:30 休 12/24～26 💲 €7 ➡ 愛爾蘭客運X8路「Cashel」下車

玩樂篇

標榜愛爾蘭製的商品、食品　🗺 P.108／C6

科克市與英式市場
Cork city & English Market

　　經過科克市的考量也是交通與購物便利、住宿便宜，除了英式市場和科克大學之外沒有比較知名的景點，但是周邊有不少有名的小鎮，如Cobh、Kinsale、Blarney。位於市中心的維多利亞市場，建於1610年，是相當古老的市場，但是目前建築物是在1980年火災後重建的，也因為重新規畫的關係，市場相當乾淨、廣受遊客喜愛。販售許多在地食材，以新鮮、多樣為重點，在這裡可以買到各種標榜著愛爾蘭產、愛爾蘭製的食品，包括生肉、醃漬品、香料、毛線、巧克力、乳酪、熟食、果醬等等，種類豐富、目不暇給。

　　2樓的餐廳也頗受當地人好評，你可以在這裡吃一道燉肉，或是買塊蔓越莓派與現打果汁到附近的公園野餐。

▲ 市場門口

▲ 市場販售許多在地食材
（攝影／謝宜璇）

▲ 科克產的啤酒Murphy's
（攝影／謝宜璇）

📧 Grand Parade, Cork 📞 (021)492-4258 ⏰ 週一～六19:00～17:00 💲 免費 ➡ 科克市中心

親吻布拉尼之石就能辯才無礙　🗺 P.108／C6

布拉尼城堡
Blarney Castle

　　參觀城堡的人都為了頂樓一塊布拉尼之石而來，這塊石頭又稱做巧言石，在英領時期的領主表面上阿諛奉承英國女王，實則不願臣服，在女王終於忍無可忍時，痛罵「表裡不一布拉尼！」，從此Blarney成了一個巧言善辯的單字；也有傳說是蒙斯特國王在這裡救了一位女巫，作為回報女巫賜予國王說服臣民效忠的好口才。18世紀開始成為觀光重點，人們相信親吻這塊命名為布拉尼的石頭就可以辯才無礙，名人如英相邱吉爾也曾經來親吻過，親吻石頭時半個人會懸在空中，由工作人員扶著倒著去親它，之後可以花10歐購買照片與證書，但如果考量到衛生問題，請三思是否真的要親吻它。

　　城堡本身較小且不是華麗的城堡，從15世紀存在至今，保存度尚可，樓梯狹小僅容一人通過，不過花園面積廣大，還有2小時健行路線；另一個富有傳說色彩的許願階梯，位在女巫廚房旁邊，只要閉上眼睛、倒著走下階梯再走上來，心中持續默念願望，夢想就有可能成真，至於聽取願望的神靈們懂不懂中文呢？這是個值得深思的問題。

▲ 城堡外觀（攝影／謝宜璇）

▲ 親吻布拉尼之石（攝影／謝宜璇）

📧 Blarney Castle, Co. Cork 📞 (021)438-5252 ⏰ 5～9月09:00～18:30；10～4月09:00～日落 💲 €13 ➡ 從科克英式市場前的Grand Parade搭乘愛爾蘭客運125路至「Blarney」下車，步行約5分鐘到城堡

愛爾蘭西部
Connaught

最多人使用愛爾蘭語的地區，講英語也通喔。

愛 爾蘭西部是最多人使用愛爾蘭語的地方，有些小鎮甚至連路標都沒有英文，多加注意的話感覺滿新鮮的，是遊歷西部時其中一個趣味。雖然想跟當地人聊聊愛爾蘭文還要請他們特地說出口，畢竟他們也很習慣看到外國人就該說英文。

市中心為旅人的中繼站　MAP P.108／B4

高威市、恩尼斯市
Galway、Ennis

考慮到交通便利、住宿便宜的優點，多數人會選擇住在高威郡或克萊爾郡的首府市中心，以放射狀的玩法前往其他景點，不過若在夏季出遊的話，客運班次較多，西部很容易排出不用走回頭路的行程。因為許多小鎮連提款機都沒有，將便利的市中心當作補充物資或轉乘的中繼站過夜，也是不錯的考量。西愛到處充滿愛爾蘭風情的百年老酒吧，可以詢問住宿地點工作人員晚上去哪兒好。

▲ 夜晚熱鬧的酒吧街

外型猶如緞帶飛揚　MAP P.108／B4

莫赫懸崖
Cliffs of Moher

自然生態：這裡是愛爾蘭最熱門的自然景點，三億年前曾經是條大河的出海口，經過長期的泥沙沉積而成為現在的樣子，懸崖一共連綿8公里，靠近遊客中心這5座的懸崖看起來像緞帶飄揚般相當特別，而愛爾蘭人則將它稱作女巫頭（Hag's Head），天氣好時可以看到另一個熱門景點阿蘭群島；這裡生態豐富，也是愛爾蘭最大的海鳥棲息地，隨時都可以看到鳥類在空中盤旋，細看峭壁上的小洞，都是鳥兒們的巢穴。

▲ 莫赫懸崖

參觀路線：觀賞懸崖的最佳位置是在遊客中心這一側，這邊還有景觀塔——奧布瑞恩塔（O'Brien's Tower），不過沒有特別需要花錢上去。遊客中心內相當有趣，做了許多互動式的展覽、生態介紹、全景影片廳，也有餐廳。懸崖本身有修建步道，走完5個懸崖來回約3小時，是賞鳥的必經路線。

傳統音樂：有許多音樂家會來到遊客聚集的地方做街頭藝人，散步時就可以聽到遠處傳來的豎琴聲、班鳩琴聲、手風琴或凱爾特鼓聲，如果喜歡這些音樂，別忘了給予小費以示支持。

▲ 莫赫懸崖入口

▲ 遊客中心一角

▲ 愛爾蘭的懸崖景觀很有趣的一點是，背對著險峻的懸崖，總是能看到一望無際令人心平氣和的平原

✉ Liscannor, Co. Clare ☎ (065)708-6141 ◷ 遊客中心09:00開門，日落關門 🚫 12/24～26 💲 懸崖免費；遊客中心展覽€6，實際上並沒有售票處和查票口(也許未來會設置)，可以直接進入參觀，自駕者在停車場就會被收費；奧布瑞恩塔€2 ➡ 從高威或恩尼斯搭乘愛爾蘭客運350路可直達

愛爾蘭傳統音樂發源地　　🅼🅰🅿 P.108／B4

都林
Doolin

玩樂篇

多數人一致認為Doolin就是愛爾蘭傳統音樂的發源地，不過這裡白天可沒有什麼娛樂，就是個平實的小漁村，村頭走到村尾只要20分鐘，也因為這裡是距離阿蘭群島和莫赫懸崖最近的村莊，很多人會選擇白天去景點參觀或沖浪，晚上留下來過夜、到百年老酒吧聽音樂。

我曾經以為愛爾蘭人會在聽到傳統音樂響起就開始跳踢踏舞，到都柏林後發現根本沒人這樣做，不過在都林真的看到了大家酒酣耳熱之際開始把手踩起腳來，反而有種夢想成真的夢幻感，要看到大家一起跳舞需要現場音樂是愛爾蘭老歌、而且是原本就有帶舞目的曲子，加上現場有嗨咖起舞，大概在愛熱鬧的老酒吧才比較容易看到，能否有幸感受到這種歡欣的場面，都是機緣囉。

▲ 知名酒吧「Mcgann's」裡聚精會神聽音樂的人們

▲ 悠閒的小漁村

➡ 從高威或恩尼斯搭乘愛爾蘭客運350路可直達

阿蘭群島
Aran islands

產有獨具特色針織法的毛衣 MAP P.108/B4

群島由Inishmore（大島）、Inishmaan（小島）、Inisheer（東島）三個島組成，島上綿延共1,600公里的防禦用石牆遺跡（Dún Aonghasa）已在此佇立三千年之久，傳說是一位戰敗的國王退居島上時建造的。牆旁就是懸崖，深不見底的藍色海水和強勁的海風令人感到緊張刺激。通常只會去大島，到島上建議租腳踏車、或坐一趟車到最遠的景點往回走，如果來回都用走的會花上一整天。

自古以來阿蘭群島的居民都是自給自足的關係，因此發展出了獨具特色的針織法，毛衣上會有凱爾特圖騰，例如生命之樹或是三位一體環，古時候甚至會每家織出自家特色的毛衣，就像家徽一樣，以辨別誰是哪個家族的人。現在阿蘭島毛衣也成了特色紀念品，愛爾蘭其他地方也有打著阿蘭島稱號的商品，但大多不是阿蘭島產的。

▲ Dún Aonghasa

▲ Dún Aonghasa

▲ 毛衣市場

▶ 從都林或高威港口搭船

巴倫國家公園
The Burren

喀斯克地形搭配海岸線 MAP P.108/B4

Burren的意思是大岩石，這裡因喀斯特地形而成為國家公園，石灰岩地形通常是土壤貧瘠、植物稀少的，不過這裡孕育了約70%愛爾蘭特有種花卉，通常盛開於夏季，點綴著單調的灰色大地。有別於到處充滿綠色景致的其他地方，巴倫一路上都是奇形怪狀的灰色石頭與海岸線、少了點綠意，但特殊的景致搭配洶湧的海浪，狂野風情仍然令人震撼。

除了沿著被喻為愛爾蘭最美的海岸公路（The Burren Way）行駛、一路欣賞風景外，也有許多洞穴探險、健行活動可以參加。經過這段海岸公路就可以沿途欣賞海景與小鎮風情，不過要先祈禱一下希望是個出太陽的好天氣。

攝影／謝宜璇

✉ Clare Heritage Centre, Corofin, Co. Clare
☎ (086)457-6758 ◉ 隨時 $ 免費 ▶ 從高威或恩尼斯搭乘愛爾蘭客運350路可直達，建議搭乘方向是高威→恩尼斯，客運會行走在海岸側

凱利摩爾城堡與基瑞峽灣　**MAP** P.108／B3

康內馬拉國家公園
Connemara National Park

康內馬拉規畫成國家公園裡最受歡迎的兩部分：公園深處一座依湖而建的巨大修道院凱利摩爾城堡（Kylemore abbey）、基瑞峽灣（Killary fjord）。這裡有幾處露營區、青年旅館、飯店，還有戶外活動公司在此經營，可以露營、玩獨木舟、野外求生釣魚、打高爾夫或攀岩。如果不住宿，也適合開車繞往下一個目的地，沿途大片看似平淡卻又充滿生命力的平原和濕地風景，能夠帶給心靈平靜的感受。

▲凱利摩爾修道院(攝影／謝宜璇)

✉Connemara National Park, Letterfrack, Co. Galway ☎(076)100-2528 🕐隨時 💲免費 ➡從高威搭乘愛爾蘭客運419路「Letterfrack」下車就是國家公園，但公園範圍廣大，如果只想欣賞風景建議開車環繞

探索中古世紀城堡生活　**MAP** P.108／B5

本拉提城堡與農莊
Bunratty Castle & Folk Park

城堡：城堡最初由維京人在10世紀時建立，現在所見的樣式則是13世紀諾曼人重蓋的建築，諾曼式城堡外觀看起來都不像中歐童話風格城堡般夢幻，總是平實而穩重，如果規模比較小，有時候看上去還真像一間老房子而已，城堡小歸小，內部房間很多，樓梯狹小，轉進房間卻又是個寬敞的空間，鑽進角落一扇暗門，又會發現另一座前往其它房間的小樓梯，在城堡裡穿梭探險，是很新鮮的體驗；城堡主體大約從14世紀保存至今，內部家具都是14～17世紀的古董。

農莊：門票包含參觀傳統農莊，這是近代重新復原的部分，除了原有的農舍整修並加上解說牌外，也有整地飼養動物，麵包坊裡的老奶奶會在這裡製作點心，她會讓你吃一口剛從石板上烤好的扁平型蘇打麵包，然後很認真的跟你說：「好吃對吧？還想吃嗎？咖啡廳有在賣喔。」一是的，園區內提供的麵包都是新鮮現做的好料！

愛爾蘭之夜：農莊的玉米農舍改裝成餐廳，在傳統房舍裡享用全套愛爾蘭菜餚、自釀啤酒，聆聽現場演奏的傳統音樂和踢踏舞，服務生也打扮成紅髮、中世紀時代的服務生，上網或現場提早預約、體驗看看當時小康家族的飲食生活吧。

▲觀見廳(攝影／Ginny Peng)　▲現場烘焙的老奶奶(攝影／Ginny Peng)

▲城堡外觀(攝影／Ginny Peng)

✉Bunratty Castle & Folk Park Bunratty, Co. Clare ☎(61)360-788 🕐09:00～17:30，活動與晚餐至21:00(須預約) 🚫12/24～26 💲€15，網購€10 ➡Dublin、Limerick、Cork、Ennis都有Bunratty鎮直達車，各家客運下車地點不同，需事先查好

北愛爾蘭
Northern Ireland

博物館、植物園、皇后大學、海岸公路。

北愛爾蘭共有六個郡,在愛爾蘭數百年的長期抗戰後,1921年愛爾蘭自由邦成立時,由於此區域較多新教徒或在英國有較高社會地位的人士,北愛議會投票決定留在聯合王國,直至今日此區域仍屬於英國、使用英鎊,首府為貝爾法斯特。

雖然屬於英國,但是風土民情、社會習性、英文口音以及愛爾蘭人自豪的幽默感,綜合起來還是比較像愛爾蘭,出入國界少有邊檢,除了貨幣不同之外,不太有身在英國的感覺。北愛同時也是英愛問題最明顯的區域,天主教與新教、支持獨立的新芬黨與想要留在聯合王國的民主統一黨政治對立,在街頭常常可以看到示威遊行活動,如果跟當地人聊天,不論立場是哪方,大多數人都會用愛爾蘭特有的幽默感、很正式的跟你聊這個話題。

▲ 許多退役船隻改造成博物館或餐廳

貝爾法斯特
Belfast

貝爾法斯特為北愛首府,北愛約三分之一人口聚集在此,為北愛的政治與文化中心。工業發達,著名的鐵達尼號就是在此製造,造船業為推動貝爾法斯特發展史的重要產業。你可以在市區觀賞歌劇、體驗愛爾蘭傳統料理、尋找愛爾蘭威士忌;維多利亞購物中心是市區的購物天堂,在採光良好的維多利亞式建築物中輕鬆尋找心儀的歐洲品牌,也可以到聖喬治市場喝杯咖啡、聽聽音樂、尋找小物;市政府、城堡、政治監獄——哀傷的歷史與樂觀的愛爾蘭人天性並存於此。

市區範圍不大,大眾運輸方式為公車,一日遊約使用1～2次公車即可,公車一日券(£3.4)。自駕者,若不參觀鐵達尼號博物館,下午可驅車前往德里觀光。

遊客中心這裡查

貝爾法斯特遊客中心
Visit Belfast Welcome Centre
✉ 8-9 Donegall Square North, Belfast, County Antrim, BT1 5GJ (市政府正對面)
☎ (028)9024-6609
🕐 6～9月:週一～六09:00～19:00,週日11:00～16:00;10～5月:週一～六09:00～17:30,週日11:00～16:00

※ 資料時有異動,請以官方公布的最新資料為主

英國十大古老大學之一

皇后大學
Queen's University Belfast

成立於1849年的維多利亞時代，爲英國十大古老大學之一，屬於羅素盟校，以醫藥類學科最爲出色。主大樓爲維多利亞風格、都鐸時期的哥德式建築，校園占地廣大，風景優美，周圍有博物館、皇家花園、各式餐廳和古董及文創小店，是文化氣息濃厚的地方。

校內設有遊客中心，定時有免費校內導覽。諾頓藝廊可參觀校史、榮譽校友成就、定期畫展。寒暑假期間宿舍會作爲旅館對外營業，歐洲宿舍通常以提供學生優質環境著稱，與台灣多人房省空間的概念不同，雖然價格不斐，但可以嘗試體驗看看。

✉ University Road, Belfast, County Antrim, BT7 1NN 📞 (028)9097-5252 🕐 遊客中心：平日08:00～18:00，假日11:00～16:00；諾頓藝廊：週二～日11:00～16:00 💲 自由參觀免費，導覽£25(不限人數) ➡ 從市政府對面搭乘8A、8B到Queen's University

觀光客最愛的維多利亞式市場

聖喬治市場
St George's Market

市場於1604年就開始營業，現在的維多利亞式建築爲19世紀重新建造的。平常爲一般市場，週日除了平日原有的食物及工藝品攤販外，還多了古董、文創攤位、現場音樂表演、手工食品攤販，深受觀光客歡迎。

✉ 12-20 East Bridge Street, BT13NQ 📞 (028) 9032-0202 🕐 觀光市集：週日10:00～16:00 🚫 國定假日 💲 免費 ➡ 從市政府旁藥妝店boots搭乘免費接駁車，營運時間11:00～15:00；公車26、26B、26C直達St George's Market

行家祕技 體驗入住學生宿舍與飲食

除了學生宿舍可以體驗入住外，校區內的許多餐廳一般人也可以進去吃，有高檔店家、也有相對便宜的學生餐廳。假日時，戶外草地也會有在地農夫市集的擺攤。

展覽造船業的輝煌歷史

鐵達尼號博物館
Titanic Belfast

世上最大的豪華客輪鐵達尼號於貝爾法斯特建造並啟航，博物館位於當初造船的船塢，精心規畫了從城市發展、船體建造與內裝，航行歷史、船艙還原，沉船事件還原，以及海洋技術互動室。餐廳有提供當初也有在鐵達尼號上供應的餐點。展覽內容相當豐富。

在廣大的船塢區可以感受到貝爾法斯特造船業的輝煌歷史，除了鐵達尼號博物館外，還有造船廠、退役船改裝的博物館、裝置藝術與各式航海相關的藝廊可以參觀，由於都是私人博物館，價錢會各自收取，需要先做功課考量開銷。

▲ 博物館外觀

▲ 展覽局部：客艙還原

✉1 Olympic Way Queen's Road, Belfast, County Antrim, BT3 9DP ☎(028)9076-6386 🕐4月、6～8月週一～六09:00～19:00；5月、9月09:00～18:00；10～3月10:00～17:00 休12/24～26 💲成人£15.50，有閉館前優惠票，網路購票有各種優惠，語音導覽機£3(有中文) ➡搭乘公車26、26B、26C，直達「Titanic Quarter」

定期有裝置藝術展覽

市政府
Belfast City Hall

僅能透過參加導覽參觀內部，公園很適合曬太陽，定期會更換不同主題的裝置藝術展覽，並有許多貝爾法斯特發展史相關的人物雕像。聖誕節前夕會有聖誕節市集。

✉Donegall Square, Belfast, County Antrim, BT1 5GS ☎(028)9032-0202 🕐跟隨官方定時導覽進入，週一～六11:00、14:00、15:00 休國定假日 💲免費 ➡位於市中心，遊客中心對面，從公車總站Europa照路標走5分鐘即可到達

顯眼的凱爾特十字架標記

貝爾法斯特大教堂
Belfast Cathedral

希伯來羅馬式建築，典型的愛爾蘭式教堂，有顯眼的凱爾特十字架。1899年開始建造，1981年完工。教堂內部走道為黑白大理石，黑色步道代表引領至死亡；白色步道代表引領至

聖所與救贖。教堂的雕刻品與馬賽克窗是在地人以貝爾法斯特為主題所創作的藝術品，除了愛爾蘭人聖派翠克傳道故事、宗教生活、聖經故事外，也有以宗教角度悼念鐵達尼號罹難者的紡織工藝品。

✉ Donegall Street, Belfast, County Antrim, BT1 2HB ☎ (028)9032-8332 ⏰ 週一～六09:00～17:00，週日13:00～15:00 💲 £5 ➡ 市政廳出發沿Royal Avenue直走，於High Street右轉，再於Hill Street左轉即到達

北愛爾蘭最大的博物館
北愛爾蘭博物館
Ulster Museum

位於皇家植物園入口，為北愛最大的博物館，展覽內容從古代至近代，考古、藝術、自然、文化，最重要的收藏為北愛自然歷史的標本與研究手稿；藝術部分則收藏了1960年以來北愛當地畫家作品；也有日本武士文化、恐龍標本等收藏，應有盡有。旺季期間還可以看到愛爾蘭人抵抗維京人入侵的真人時代劇演出。

✉ Botanic Gardens, Belfast, County Antrim, BT9 5AB ☎ (028)9044-0000 ⏰ 週二～日10:00～17:00 🚫 國定假日 💲 免費 ➡ 從市政府對面搭乘8A、8B到Queen's University，下車後往前走

皇室專用植物園
皇家植物園
Belfast Botanic Gardens and Palm House

位於皇后大學旁，原為皇室專用植物園，於1895年向公眾開放，花園面積廣大適合休憩，也有英式花園必備的玫瑰園。園區內設有溫室棕櫚屋，此為世上第一個鑄鐵溫室，白色鑄鐵結構與玻璃窗交接，內部種植許多溫帶植物，不論從外部看或在內部參觀都可以感受到這棟為了展現維多利亞時代貝爾法斯特工業發展鼎盛的繁榮。同時也是貝爾法斯特舉辦戶外活動的重要場所，有時也會有知名藝人在此舉辦演唱會。

✉ College Park Botanic Avenue, Belfast, County Antrim, BT7 1LP ☎ (028)9049-1813 ⏰ 公園：全年10:00～21:00／溫室：4～9月10:00～16:45；10～3月10:00～15:45 💲 免費 ➡ 從市政府對面搭乘8A、8B到Queen's University，下車往前繼續走就可以看到入口

巨人之堤海岸公路
Causeway Coastal Route

北愛最北邊大西洋公路規畫了一段巨人之堤海岸公路（Causeway Coastal Route），為世界十大自駕遊路線之一，沿途風景優美，規畫完善，路標指示清晰，景點旁停車場寬敞且免收費。但由於景點間公車班次不多的關係，最佳遊覽方式為自駕或是參加一日旅遊（愛爾蘭各城市皆有當地出發行程，請詢問各遊客中心），若時間足夠則可以搭乘公車慢慢欣賞各景點的細節。

▲北愛自然風光壯麗、電影工業發達，有許多取景地，圖為巨人之堤海岸公路上的黑暗樹籬，為美劇權力遊戲的國王大道場景

貼心 小提醒

穿著小提醒

愛爾蘭的海邊都很冷風又大，不論任何季節，都務必穿著防風防潑水外套。

世界十大驚險橋樑之一　　　MAP P.108／E1

索橋
Carrick-a-Rede

由於海風強烈的關係，為世界十大驚險橋樑之一，海風打在身上劇烈搖晃的緊張感、向下看則是波濤洶湧的大浪，非常刺激。原本是漁民為了放置鮪魚魚網而在本島與小島間設立的橋，從入口處走到索橋約20分鐘，沿途風大但風景優美，可以同時看到山景與海景以及成群的綿羊。索橋一次只容8人上橋，遊客多時須耐心等待。

✉119a Whitepark Road, Ballintoy, County Antrim BT54 6LS ☎(028)2076-9839 ◷10:00～18:00，風太強會關閉橋的通行，但是仍然可以近距離觀看索橋 $£5.9，索橋無法通行時免費 ➡坐火車到Coleraine Train Station、或於市政府旁High Street搭乘218號，於Coleraine Buscentre公車總站搭公車172直達

▲沿海岸而建、地勢險峻的Dunluce城堡遺跡，詩人葉慈曾說他在這裡找到了地精

玩樂篇

擁有六角柱玄武岩及豐富生態　 P.108／D1

巨人堤道
Giant's Causeway

　　因自然形成的六角柱玄武岩特殊海岸景觀以及周邊豐富的生態資源，而被列為世界遺產。此景點結合了愛爾蘭最有名的神話：愛爾蘭巨人Fionn為了打發時間，用石柱在海上建造了一條通路，途中發現對岸的蘇格蘭也有一位巨人Angus，兩人互相叫囂並相約決鬥。Fionn蓋好道路時先去查看敵情，卻發現Angus遠比自己高大就逃回家中。Fionn的妻子Una急中生智將Fionn打扮成巨嬰要他躺在嬰兒床上，Angus追到愛爾蘭看到巨嬰後大為震驚「如果Fionn的孩子就這麼巨大，那他本人會有多麼高大！」便逃回蘇格蘭，順手將道路都拆了，剩下的部分就是今天我們所看到的海岸。

　　官方有規畫3條健行路線，若時間充足，建議先走紅線（Red Trail），從視野良好的地方眺望海岸線，再往下走到海岸邊的綠線，近距離接觸世界遺產。

✉44 Causeway Road, Bushmills, County Antrim, BT57 8SU ☎(028)2073-1855 ◷10:00～17:30 $成人£9，有免費語音導覽機(有中文) ➡從貝爾法斯特坐火車到Coleraine Train Station後轉搭公車搭公車402、218。或於市政府旁High Street搭乘218號，於Coleraine Buscentre公車總站搭公車402、218直達

💗 貼心 小提醒

租導覽＝購票

　　售票中心在遊客中心內，但由於空間開放，其實可以由停車場直接走到海邊而不用購票，如果參加一日遊，當地導遊都會帶遊客直接走到海岸旁。不過語音導覽製作的非常用心、而且是繁體中文，全部聽完大約需要2小時，內容相當豐富；加上支持維護景點的使用者付費概念，還是建議購票入內。

　　遊客中心內有許多互動式展覽、神話故事動畫，相關紀念品，只有這裡才賣的郵票和郵戳，值得參觀。

▲ 遊客中心的互動展覽

德里／倫敦德里
Derry / Londonderry

德里市中心景點從頭走到尾僅需14分鐘（不含參觀時間），為愛爾蘭與英國的衝突史上最多故事的城市，城市成為景點的主因是歷史，愛爾蘭只稱這座城市為德里而非倫敦德里，一路上眼見所及的路標，London幾乎都被用油漆塗掉，反英意義濃厚。遊覽城市是很安全的，並不會有恐怖攻擊事件或是傷害事件發生，但若對英愛衝突歷史沒有興趣則不必特地前往。若英文能力不錯，建議參加步行導覽（Walking Tour），導遊大多是經歷過北愛的白色恐怖事件（Bloody Sunday）的在地人，講起歷史活靈活現。

▲ 友好之橋(Peace Bridge)

遊客中心這裡查

德里／倫敦德里遊客中心
Derry / Londonderry Tourist Information Centre

德里是著重參觀歷史的城市，建議參加步行導覽(walking tour)以了解更多，行程約步行2～3小時不等，有付費導覽(£4)和免費導覽(結束後自由給小費)。此遊客中心較晚建立，位於城市入口，離各景點都較遠，若非自駕，可直接向住宿處詢問旅遊資訊較為方便，若住在青年旅館、主要飯店，都會是walking tour的出發點。

✉ 44 Foyle Street, Derry County, Londonderry,
　　BT48 6AT
📞 (028)7126-7284
🕐 週一～五09:00～17:30，週六、日10:00～17:00

※ 資料時有異動，請以官方公布的最新資料為主

原為防禦新教徒入侵而建　　　🗺 P.108／D1

城牆之牆
City Walls

於17世紀完成，由法國信奉天主教的國王協助修建，原為防禦英格蘭的新教徒入侵、以及囚禁愛爾蘭叛徒而建，由於從未被攻破，德里也被稱為處女之城或城牆之城，它的完整也使的這裡的天主教、新教勢力範圍區隔明顯，對立事件頻傳。城牆以佇立在此四百餘年，城牆高12～35公尺，規模不大但是很完整，繞行一圈約20分鐘，德里景點多位於城牆附近。

✉ 市中心　🕐 隨時開放　💲 免費

玩樂篇

深入了解英國與愛爾蘭的歷史　**MAP** P.108／D1

自由德里博物館
Museum of free Derry

　　如果對愛爾蘭與英國的衝突史有興趣，德里是一定要造訪的城市，這間博物館詳細記錄了60年代的血腥星期日（Bloody Sunday）事件，德里人民爭取民權的歷史，館方收藏幾乎來自民眾捐贈，館藏包括照片、電影、海報、信件、與事件相關的物品，成立的目的是希望這段歷史可以從多元角度切入，而不會只有英國官方的版本。

✉ Bloody Sunday Centre, 55 Glenfada Park, Londonderry BT48 9DR ⏰ 週一～五09:00～16:30，週六、日13:00～16:00 💲 £3

充斥著反英的壁畫、紀念碑　**MAP** P.108／D1

博格塞德街區
Bogside, The People's Art Gallery

　　由於宗教與政治衝突的的關係，北愛各地都有明顯的天主教區與新教區。Bloody Sunday爆發於天主教區Bogside街區，現今街區充滿了反英意識與事件相關的壁畫、紀念碑，與街區連接的城牆部分也有相關標語，是德里最著名的景點。

✉ Bogside街區，B507公路，位於城牆北側外 ⏰ 隨時 💲 免費

路上觀察　**靜佇在街口的雕像**

　　愛爾蘭的雕像都以描述平民記憶為主，主題都是作家、藝術家、窮人、乞丐、飢荒與革命等，希望過去的苦痛可以讓未來的生活更好。作品旁都會有解說，不妨閱讀看看。

攝影／謝宜璇

▲ 德里到處都是London被塗掉的、令人印象深刻的路標
(攝影／Sean Mack)

愛爾蘭行程規畫建議

搭乘大眾交通可行的方案

本書中提到的景點在5～9月時都可以利用大眾運輸到達(其他月分請先上網查詢時刻表),但是搭乘大眾運輸必須有非常充裕的旅行時間,開車還是最適合體驗愛爾蘭的方式;購買一日遊行程也是一種選擇。

愛爾蘭經典之旅

　　住在都柏林市區,並購買一日遊套裝行程往來都柏林與熱門景點。

■**都柏林市區**:聖三一學院、健力士觀光酒廠
■**西部重點**:莫赫懸崖
■**東部重點**:威克洛峽谷與格蘭達洛
■**北部重點**:世界遺產巨人堤道

北半部經典之旅

　　住在貝爾法斯特市中心,並購買1日遊套裝行程。如果是自駕,Day4之後,向西還可以延伸去多尼戈市中心(Donegal)與大西洋沿岸兜風。

 DAY 1 貝爾法斯特市區(Belfast)

 DAY 2 巨人堤道與索橋

 DAY 3 德里(Derry)

 DAY 4 格倫威國家公園(Glenveagh National Park)

玩樂篇

西半部經典之旅

　　這是一條不需走回頭路的路線。搭飛機到都柏林或香農機場(Shannon Airport)，然後從都柏林或高威市中心出發。交通方便，全年都可購買套裝行程，客運班次也多。若是自駕，可以先去康內馬拉國家公園(Connemara National Park)遊玩一圈。

 DAY 1 高威市區(Galway)

 DAY 2 高威 → 阿蘭群島(Aran Islands) →
都林(Doolin)

 DAY 3 都林 → 莫赫懸崖 → 利默里克(Limerick)

 DAY 4 利默里克市區、阿黛爾鎮(Adare)

南半部經典之旅

　　搭飛機到都柏林或科克，從市中心出發，不管是購買套裝行程或是自駕，都是不走回頭路的路線。另外，除了基拉尼國家公園以外，套裝行程少、大眾運輸超級不方便，如果不是自駕，大約2天只能去一個點，必須事先研究好時刻表。西南地區是愛爾蘭人公認最美的愛爾蘭，若時間充足請務必前往。

 DAY 1 市區觀光

 DAY 2 基拉尼國家公園(Killarney)

 DAY 3 世界遺產斯凱利格島(Skellig Michael)、
波特瑪吉村(Portmagee)

 DAY 4 凱里周遊路(Ring of Kerry)

其他主題之旅

衝浪、潛水

　　在愛爾蘭西北部的幾個郡都有相當多衝浪與潛水海灘和露營區，活動月分為6～10月。

愛爾蘭式曲棍球賽(Hurling)

　　有些通行券行程包含球場的參觀，為什麼球場是景點呢？這是因為愛爾蘭人對這個已經存在兩千年，號稱是世界上最古老、最暴力、最刺激的球類運動Hurling感到相當自豪。從5月開始每個週末都有球賽，總決賽在9月，越接近夏末看球的人會越來越多，每週都可以在街上看到穿著球衣、拿著加油道具的球迷，如果有機會買張票去愛爾蘭都柏林的Croke Park看一場球賽吧！

香農河遊艇自駕

　　貫穿愛爾蘭香農河(River Shannon)沿岸保有愛爾蘭經典的鄉村風光，遊艇業者推出配套完善的租船計畫，讓遊客沒有駕照也可以在簡易的教學後自行行駛，遇到意外也會直接更換新船，就像是開車自駕，只是把交通工具換成了船；船上有床鋪及衛浴，旅行期間也住在船上，選擇想遊覽的小鎮停靠後就可以下船玩樂，是相當特別的體驗。租船網站為多家公司一同建立，網站上有行程建議，價格與租車差不多，網址：www.shannon-river.com/Default.aspx。

通訊篇
Communication

在愛爾蘭要打電話、上網、寄信怎麼辦?

與親友保持聯繫、打卡留念、寄明信片是出國玩不可或缺的行動之一,

在便利的愛爾蘭,不需要擔心通訊上的不便。

打電話、上網、郵寄

國際通訊無國界。

從台灣打電話到愛爾蘭

國際冠碼+愛爾蘭國碼+區域號碼+電話號碼

撥打方法	國際冠碼	國碼	區域號碼	電話號碼
打到愛爾蘭手機	002 / 009等	353	89(TESCO)等	手機號碼7碼
打到愛爾蘭市話	002 / 009等	353	3(都柏林)等	電話號碼7碼
打到台灣的漫遊手機	-	-	-	直撥手機號碼

舉例說明
＊愛爾蘭手機：(089)123-4567 / 從台灣撥打的方式：002-353-89-1234567
＊愛爾蘭市話：(03)123-4567 / 從台灣撥打的方式：002-353-3-1234567
＊台灣的漫遊手機：0972111111 / 從台灣撥打的方式：0972111111

從愛爾蘭打電話到台灣

國際冠碼+台灣國碼+區域號碼+電話號碼

撥打方法	國際冠碼	國碼	區域號碼	電話號碼
台灣手機	00	886	去0	手機號碼
台灣市話	00	886	2(台北)等	電話號碼

舉例說明
＊台灣手機：0972111111 / 從愛爾蘭撥打的方式：+886-972111111
＊台灣市話：(02)23456789 / 從愛爾蘭撥打的方式：+886-2-23456789

 貼心 小提醒

撥打至北愛爾蘭，需更改國碼

　　每家電信有不同的國際冠碼，請先確認您的電信業者使用的冠碼。注意：撥往北愛爾蘭，國碼需更改為英國的44。

公共電話
Payphone

公共電話可以使用硬幣、信用卡、電話卡付款。愛爾蘭的行動電話相當普及，而且通話和上網費率也不貴，所以公共電話數量並不多，如果覺得自己的手機國際費率貴可以購買專打國際電話卡，郵局、TESCO有售，依需求購買額度、最少5歐，撥回台灣市話每分鐘0.5歐、撥打台灣手機每分鐘1歐，每通電話收取服務費30歐分。

電話機上方都會有說明看板，也都會標明收費與使用方式，必須是有顯示台灣國旗的電話機，才能打回台灣。

收費與使用方式

以國旗顯示可通話國家

手機預付卡
Prepaid Card

SIM卡都是大小卡可自拆的規格，但是使用iPhone者建議到店面買卡較保險。

千萬不要忘記開通方案，否則就只是購買額度，以秒計費率，相當不划算，最保險的方式是先上網查好想使用的方案代碼、查好門市位置，前往各電信店面購買，並請店員幫忙開通方案。

使用SIM卡步驟 Step by Step

Step 1 ▶ 購買

購買時，可向電信公司或TESCO超市索取免費SIM card pack，除了卡片以外，都會附上說明書，內有安裝、開通方案的說明；也可以到店面購買，直接請店員幫忙設定。

Step 2 ▶ 安裝

將SIM卡放入行動裝置，等待約30分開通後即可使用。

Step 3 ▶ 儲值

使用行動裝置撥打儲值收據上的語音電話，輸入儲值碼（語音只有英文）。

Step 4 ▶ 開通

事先查好想使用的方案代碼，再次撥打收據上的語音電話，開通方案。

電信公司資訊看這裡

著名地標Spire旁，與主街道O'Connell Street垂直的Henry Street，或聖史蒂芬公園前的Grafton Street都可找到這4家電信公司。

3： www.three.ie/eshop/phone-plans/prepay
VODAFONE： www.vodafone.ie/pay-as-you-go-plans
TESCO： www.tescomobile.ie/priceplans/add-ons.aspx
METEOR： www.meteor.ie/simplicity

※ 資料時有異動，請以官方公布的最新資料為主

愛爾蘭電信公司 SIM 卡方案

電信公司	便利的方案	其他
3	■SIM卡20歐可使用1個月 ■網內互打、網路皆吃到飽 ■網外、撥打市話約300分鐘 ■撥打海外約30分鐘 ■週末撥打國內任何電話完全免費	■電話可打額度用完時，網路吃到飽仍可使用 ■在其他歐盟國也可以使用網路吃到飽的服務，但是訊號只有3G
Vodafone	在愛爾蘭境內使用有價格上的弱勢，但是有特別的撥打國外方案：30歐100分鐘	SIM卡售價10歐
Meteor	■SIM卡免費 ■儲值10歐可選方案：網路7.5G流量；或打電話國內吃到飽	
TESCO	■SIM卡單售5歐，同時索取SIM卡並儲值則SIM卡免費 ■基本款方案：網路1G/5歐 ■若不開通方案，儲值5歐大約可用100Mb網路傳輸量加30分鐘國內電話或是5分鐘國際電話	除了電信門市之外，TESCO超市裡也可以買到SIM卡

※ 北愛爾蘭是英國，除了 3 的網路不受影響之外，其他方案都以漫遊模式計費
※ 若額度用完，儲值一次至少 5 歐，儲值方法：回傳簡訊、上官網刷卡、到便利商店購買額度後，撥打語音電話
※ 資料時有異動，請以官方公布的最新資料為主

上網
Internet

愛爾蘭為歐洲科技之都，網路發展非常普及，商務取向的咖啡廳、餐廳，只要消費，Wi-Fi密碼都可以在收據上看到；速食店有免密碼的Wi-Fi，缺點是訊號不穩。飯店、機場當然也都會提供。

▲ 許多店家門口都會標示提供Wi-Fi

實用會話

How much is the postage? 請問郵資多少？
I'd like to send it as registered mail. 我要寄掛號。
I'd like to buy stamps for a postcard to Taiwan, please. 我要買張郵票寄明信片到台灣。
How long does it take for a letter to go airmail from here to Taiwan? 一封寄到台灣的航空信要幾天？
I would like to use this plan. 我想要使用這個方案。
Top-up 5 Euros, please. 我要儲值5歐元，謝謝。
Could you help me to install the sim card? 請你幫我安裝SIM卡。
I'll like to place an overseas call to Taiwan. 我想打一通電話到台灣。

郵寄
Mailing

郵寄明信片

國際明信片郵資一律1.7歐，100g以下國際平信2.9歐。紀念品店有郵票可以買，不過喜歡收藏或是特色郵票的人，建議到郵局的自助機器或窗口購買，會有季節限定的郵票。

▲ 印著愛爾蘭特有種的郵票

郵寄包裹

打包並填寫託運單。必須用紙箱打包好，郵局也有販售紙箱。亞洲在愛爾蘭郵政分類裡是Zone 4 – Rest of World，郵寄包裹費用如下：

▲ 可以買郵票、寄小包裹的自助郵局，信件沒有區分類別，全都投入綠色郵筒

購買郵票步驟 Step by Step

選擇
選擇寄送秤重包裹或購買郵票。

確認
選擇郵票種類、調整購買數量。

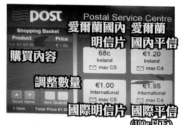
愛爾蘭國內明信片　愛爾蘭國內平信
國際明信片　國際平信(100g以下)

購買
確認購買數量、選擇付款方式。

領取
選擇列印收據與否後，就會掉出郵票與收據。

包裹種類	500g	1kg	2kg	3kg	4kg	5kg
小包(Packet)	€9	€15.5	€22.5	上限2kg	-	-
包裹(Parcel)	€29	€29	€36.5	€45	€58	€68

※ 包裹一定要用紙箱裝，超過 5kg，每 1kg 加收 €1，上限 20kg　　※ 這是海運郵資表 (Registered Post)，空運 (International Courier) 價格約 2 倍

應變篇
Emergencies

在愛爾蘭，發生緊急狀況怎麼辦？

愛爾蘭是個整體治安良好的國家，但是如果遇到突發狀況時該怎麼辦呢？

攝影／謝宜璇

旅遊愛爾蘭安全守則

愛爾蘭治安概況

愛爾蘭人天性質樸，旅遊安全是相對安全的國家，但不論如何，出門在外就是要多加留意周遭狀況。

北愛爾蘭：7月12日的The Twelfth或是稱為Orangemen's Day的橘色命令，是17世紀時讓英格蘭成功掌控愛爾蘭政治的軍事行動，從此之後新教徒會固定在這一天舉辦遊行並慶祝，演變至今這天常常是北愛爆發衝突的日子，由於這天也是北愛的國定假日，很多北愛居民也會選擇足不出戶會是乾脆提前一天去別的地方度過。雖然並不是每次都會爆發大型衝突，但旅遊還是盡量避開這天前往貝爾法斯特。

▲ 新芬黨的小型遊行

常見犯罪事件

在路上看到二、三人成群的國高中生年紀的孩子要多加留意，走在馬路上絕不使用3C產品，邊走邊玩注意力不足時，最容易搶走包包、手機。如果要用手機導航，最好走到店家的門口旁比較亮的地方使用。

竊盜事件最多的地區則是Temple Bar附近，因為是熱門景點，所以有許多竊賊會瞄準這裡的遊客下手。

住宿選擇建議

在都柏林停留期間，如果很介意區域安全，建議住在聖三一學院附近。若天黑後不會在外遊蕩，挑選便宜的住宿即可。

交通安全

都柏林的人行紅綠燈都要行人手動啟動，由於等待時間長、通行時間短，所以當地人看燈號的依據不是人行燈、反而是車道紅綠燈，車流停止時不管人行燈是否為綠燈就過馬路了，跟著路人走時務必要小心來車。

人行燈開關 ▶

在愛爾蘭可以向誰求助

緊急電話999

警察、消防、救護車通用。

警察

愛爾蘭警局和警車都是標示愛爾蘭文「Garda」，警察局外觀幾乎都不明顯，但可以常看見巡邏車。

藥局

看到白底綠十字的標誌就是藥局，連鎖藥妝店Boots遍布全國，購買方便。但若需購買藥品，如感冒藥，幾乎都放在藥師身後的櫃子，必須向藥師詢問，由藥師口頭確認使用目的後，才能夠購買。

貼心 小提醒

無健保，就醫費用高

若無愛爾蘭健保，診所就醫價格50歐起、醫院就醫價格200歐起。出門在外請務必注意自身健康狀況。

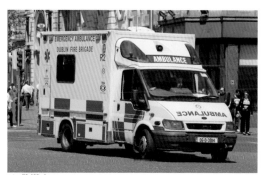

▲ 救護車(攝影 / Darren Hall)

▲ 消防車

發生緊急狀況怎麼辦

遺失護照

Step 1 ▶ 申報護照遺失

向警察局報案護照遺失，取得證明文件。

Step 2 ▶ 申請補辦護照

持報案證明文件集護照規格大頭照2張，向台灣駐愛爾蘭代表處(www.roc-taiwan.org/ie)申請補辦護照。作業時間約需3週，若回國時間已近，可申請「入國證明書」憑證返台。

信用卡遺失

只要有網路，用Skype可免費撥打台灣0800開頭的電話，假設電話號碼是「0800-123-456」，則撥打方式為「+886-0800-123-456」。所以當信用卡有問題、需要掛失時，使用Skype撥打即可。

內急

所有餐廳、咖啡廳只要消費就能使用廁所，大多使用將密碼印製在收據上。書店、速食店、大型購物中心的廁所通常沒有設定密碼，可以直接使用。公廁大多不收費，但較少見，直接走進最近的餐廳、旅館詢問會比較快。

公共廁所 ▶

救命小紙條 你可將下表影印，以英文填寫，並妥善保管隨身攜帶

個人緊急聯絡卡
Personal Emergency Contact Information

姓名Name：

國籍：Nationality

出生年分(西元)Year of Birth：

性別Gender：

血型Blood Type：

護照號碼Passport No：

台灣地址Home Add：(英文地址，填寫退稅單時需要)

緊急聯絡人Emergency Contact (1)：

聯絡電話Tel：

緊急聯絡人Emergency Contact (2)：

聯絡電話Tel：

信用卡號碼：

國內 / 海外掛失電話：

信用卡號碼：

國內 / 海外掛失電話：

旅行支票號碼：

國內 / 海外掛失電話：

航空公司國內聯絡電話：

海外聯絡電話：

投宿旅館Hotel (1)：

旅館電話Tel：

投宿旅館Hotel (2)：

旅館電話Tel：

其他備註：

駐愛爾蘭代表處

緊急救護、報案電話 **999**

http www.taiwanembassy.org
@ twnirl@gmail.com
✉ 8 Lower Hatch Street Dublin 2
☎ (01)678-5413，(01)678-5580，(087)282-5680
ℹ 客服人員使用英文，請簡單說明找會說中文的人即可

填線上回函，送 "好禮"

感謝你購買太雅旅遊書籍！填寫線上讀者回函，
好康多多，並可收到太雅電子報、新書及講座資訊。

好康 1

每單數月抽10位，送珍藏版
「祝福徽章」

方法：掃QR Code，填寫線上讀者回函，
就有機會獲得珍藏版祝福徽章一份。

好康 2

填修訂情報，就送精選
「好書一本」

方法：填寫線上讀者回函，並提供使用本書後的修
訂情報，經查證無誤，就送太雅精選好書一本(書
單詳見回函網站)。

＊同時享有「好康1」的抽獎機會

So Easy 開始在
愛爾蘭自助旅行
(最新版)

https://reurl.cc/Gkn7lp

＊「好康1」及「好康2」的獲獎名單，我們會
　於每單數月的10日公布於太雅部落格與太
　雅愛看書粉絲團。
＊活動內容請依回函網站為準。太雅出版社保
　留活動修改、變更、終止之權利。

太雅部落格 http://taiya.morningstar.com.tw
　　有行動力的旅行，從太雅出版社開始

23 發票登錄抽大獎

首獎 澳洲Pacsafe旅遊防盜背包

太雅 **週年慶**

凡於 **2020/1/1～5/31** 期間購買太雅旅遊書籍(不限品項及數量)
上網登錄發票，即可參加抽獎。

首獎
澳洲Pacsafe旅遊防盜背包 (28L)

RFID SAFE
RFID晶片
防側錄口袋

專利防盜鎖扣

2名　市價5880元

普獎
**BASEUS防摔觸控靈敏之
手機防水袋**

80名

顏色
隨機出貨

掃我進入活動頁面
或網址連結 https://reurl.cc/1Q86aD
活動時間：2020/01/01～2020/05/31
發票登入截止時間：2020/05/31 23:59
中獎名單公布日：2020/6/15

活動辦法

- 於活動期間內，購買太雅旅遊書籍(不限品項及數量)，憑該筆購買發票至太雅23周年活動網頁，填寫個人真實資料，並將購買發票和購買明細拍照上傳，即可參加抽獎。
- 每張發票號碼限登錄乙次，並獲得1次抽獎機會。
- 參與本抽獎之發票須為正本(不得為手開式發票)，且照片中的發票須可清楚辨識購買之太雅旅遊書，確實符合本活動設定之活動期間內，才可參加。
- 若發票存於電子載具，請務必於購買商品時，告知店家印出紙本發票及明細，以便拍照上傳。

※主辦單位擁有活動最終決定權，如有變更，將公布於活動網頁、太雅部落格及「太雅愛看書」粉絲專頁，恕不另行通知。